As Redes dos Oprimidos

Coleção Estudos
Dirigida por J. Guinsburg

Equipe de realização – Edição de Texto: Iracema A. Oliveira; Revisão: Ricardo W. Neves; Ilustrações: Isa Marcia Bandeira de Brito; Sobrecapa: Sergio Kon; Produção: Ricardo W. Neves, Sergio Kon, Luiz Henrique Soares e Raquel Fernandes Abranches.

Tristan Castro-Pozo

AS REDES DOS OPRIMIDOS
EXPERIÊNCIAS POPULARES
DE MULTIPLICAÇÃO TEATRAL

CIP-Brasil. Catalogação-na-Fonte
Sindicato Nacional Dos Editores de Livros, RJ

C353r
Castro-Pozo, Tristan
    As redes dos oprimidos : experiências populares de
multiplicação teatral / Tristan Castro-Pozo. – São Paulo:
Perspectiva: Cesa: Fapesp, 2011.
    (Estudos; 283)

    Inclui bibliografia
    ISBN 978-85-273-0907-3

    1. Boal, Augusto, 1931-2009. 2. Teatro do oprimido.
3. Teatro e sociedade. I. Sociedade Científica de Estudos
da Arte. II. Fundação de Amparo à Pesquisa do Estado
de São Paulo. III. Título. IV. Título: Experiências populares
de multiplicação teatral. V. Série.

10-6479.   CDD: 792.01
                  CDU: 792.01

13.12.10   22.12.10   023477

Direitos reservados à

EDITORA PERSPECTIVA S.A.

Av. Brigadeiro Luís Antônio, 3025
01401-000 São Paulo SP Brasil
Telefax: (011) 3885-8388
www.editoraperspectiva.com.br

2011

Sumário

Nota Prévia. IX

Introdução XI

1. A Práxis do TO 1

Teatro da Indignação. 2
O Teatro Cultural. 6
Boalistas e Boaleanos no TO 10

2. O TO e seus Espelhos Multiplicadores. 15

CTO-Rio: Reinventando o Teatro Popular. 16
TOPLAB: A Linha Dura em Nova York 20
O GTO: Sensibilizando o Poder Público 24
Headlines Theatre: No Limiar da Experimentação. . . 30

3. *Corpus Ludis*, Comandos e Protocolos 37

O Jogo Pentafônico 40
Estilo(s) do Curinga. 50

4. Curingagem: Modelos e Mediações. 55

    A Espiral Histórica do TO 56
    Educação Estética do Oprimido 58
    Modelo de Oficina no TO 61
    Mediações do Curinga. 65
    Dramaturgia dos Centros 66

Vaivéns da Rede. 69

Referências Bibliográficas. 75

Nota Prévia

O presente livro originou-se de uma tese de doutorado, defendida em 2006, que acompanhou oficinas de formação de coringas ou curingas[1] e avaliou as implicações estético-políticas do Teatro do Oprimido, no trabalho acadêmico definido como uma rede teatral de resistência antiglobalização.

A maior dificuldade para ver essa tese transformada em livro, talvez, seja a sua delimitação histórica. Houve uma tentação de atualizar o trabalho, porém, a pesquisa retratou um período esperançoso para o teatro de vertente político-popular, do qual certamente, o falecimento de Augusto Boal em 2009 marcaria um divisor de águas, num teatro de utopias que permita sonhar com um mundo mais justo, e onde a arte assuma o papel de catalisador.

Tendo surgido num trabalho acadêmico precisaria começar agradecendo aos meus mestres: Dilma de Melo Silva, Cristina Costa e Julio Hevia Garrido-Lecca. Também a sapiência de ilustres leitores como Reynúncio Napoleão de Lima, Flávio Desgranges, Maria Silvia Betti, e Maritza Noriega del Valle.

---

1 O vocábulo tem grafia dupla. Num sentido coloquial, a palavra caracteriza o jogador versátil na execução de tarefas. Porém, no Teatro do Oprimido o termo é usado para designar o especialista nessas técnicas.

Os capítulos que compõem o marco teórico foram, inicialmente, submetidos como comunicações em Encontros da Associação Brasileira de Pesquisa e Pós-Graduação em Artes Cênicas e, por eles, sou particularmente grato aos profs. Tânia Brandão e João Roberto Faria pelas suas considerações críticas.

Minha gratidão aos amigos da pós-graduação Isa Márcia Bandeira pelos desenhos, a Myriam de Andrade Marques pelas fotos, e a Lilian Leite Chaves pela sua aguçada leitura. Igualmente, aos integrantes dos grupos de Teatro do Oprimido: FTO Londrina; Revolução Teatral – Grito; Gato; Metaxis-USP; GTOIA--Unesp; e, especialmente, ao Grupo de Segunda (G2a).

Meu reconhecimento à Fapesp pela concessão das bolsas DR-1 e DR-2, bem como pelo Auxílio Publicação. Igualmente, à equipe da Cesa – Sociedade Científica de Estudos da Arte, na coordenação de Liana Maria Sálvia Trindade e Lisbeth Rebollo, assim como ao pessoal de apóio técnico, a Sônia Regina César e Sabrina de Paz Faustino.

Finalmente, aos meus pais Renée e Pepe, de quem recebi toda a fonte de inspiração e para quem almejaria dedicar este livro.

Introdução

Meu contato com o Teatro do Oprimido (TO) iniciou-se no ano 2000, por ocasião de uma Oficina de Arco-Íris do Desejo conduzida por Augusto Boal, no antigo local do Brecht Fórum em Manhattan, Nova York. A experiência inicial foi sucedida por um estágio de quinze meses junto ao Theatre of the Oppressed Laboratory – TOPLAB, o que me conduziu a uma procura pessoal em longas sessões de teatro-laboratório e me propiciaram a reflexão sobre o teatro de grupo e a matriz ideológica da criação coletiva[1]. Simultaneamente, acompanhei, na condição de assistente, o planejamento e a facilitação[2] de oficinas das técnicas do TO. Alguns projetos desenvolvidos pelo TOPLAB aconteceram no Renaissance School, no bairro de Queens e no Bronx, para um After School Program patrocinado pela St. Peters Lutheran Church.

De abril de 2002 a meados de 2003, essas vivências foram sistematizadas, facilitando oficinas livres de TO no centro da cidade de São Paulo, sobretudo na Casa do Migrante – Avim, que é gerida pelos missionários escalabrinos, e atua conjuntamente

1 J. Pendergast, Clowning Around, *Red All Over*, p. 4.
2 Facilitador, facilitar e facilitação são anglicismos que envolve dinâmicas direcionadas a organizações de base.

com a Pastoral do Migrante e a Pastoral dos Latino-americanos. Paralelamente, foi feito um trabalho voluntário no Círculo Teatral Quilombola, do Núcleo de Consciência Negra na USP – um projeto de extensão cultural dirigido pelos próprios alunos da universidade, e direcionado essencialmente a jovens afrodescendentes que moram em regiões da periferia da cidade. Como uma mostra do projeto de teatro, apresentou-se uma montagem teatral denominada *O Dia Xis*, uma colagem de cenas cujo nome fazia alusão a Malcom X e ao histórico Dia D do exército dos aliados.

No ano seguinte, participei da oficina anual de Theatre for Living 1 e 2, do Headlines Theatre (HT), centro pioneiro na implantação das técnicas do TO no Canadá. Após vivenciar o trabalho psicofísico nos laboratórios do HT, fui convidado a facilitar uma oficina no New Canadian Center, em Peterborough. Tal iniciativa, envolvendo imigrantes e refugiados políticos latino-americanos, conduziu a uma montagem denominada *Stepping into the Interlude*[3], uma livre adaptação, através de técnicas do TO, do clássico da literatura espanhola *El Paso de las Aceitunas*, de Lope de Rueda. A peça era um diálogo em duas línguas e vários sotaques, visando tecer pontes intergeracionais e promovendo o diálogo intercultural.

Nesse ponto, é possível afirmar que as vivências do TO têm produzido uma ressensibilização da práxis teatral ao ajudar a rever antigos processos. Esse procedimento, *mutatis mutandis*, tem sido conseguido por meio do treinamento na arte do curinga, e também pelo aprofundamento nas problemáticas de populações minoritárias e marginalizadas, o que foi vital para formular as questões da pesquisa, expostas a seguir:

- Quais são os modelos de oficinas utilizados na formação de novos curingas?
- Quem são as pessoas interessadas em capacitar-se nas técnicas do TO?
- Que problemas surgem ao se implementar oficinas de multiplicadores?
- Como a metodologia do TO estimula os processos de conscientização?

3   Ontário, out. 2004.

INTRODUÇÃO   XIII

Curinga é o conceito central deste trabalho; o termo é definido como uma aplicação experimental fundamentada pela linha inovadora do teatro épico brechtiano, ampliando as capacidades do "efeito de distanciamento do ator" – o *Verfremdungseffekt*[4]. O sistema de interpretação curinga, criado pelo teatrólogo Augusto Boal no Teatro de Arena, foi a epítome das inovações cênicas com raízes político-estéticas. Seu surgimento está relacionado com um exercício experimental na peça *Arena Conta Zumbi* (1965), foi posteriormente sistematizado durante o processo de trabalho de *Arena Conta Tiradentes* (1967)[5].

Desse modo, o sistema curinga, na proposta do Teatro de Arena, comporta as seguintes funções: 1. a suspensão do papel de protagonista, ou seja, daquela relação alienada entre o ator e sua personagem; 2. estrutura dramatúrgica que privilegie a narração coletiva de uma única história; 3. ecletismo de gênero e estilo, que em cada cena arrisca-se na troca e combinação de referências estilísticas; 4. e finalmente, o uso da música como portadora de conceitos – nesse sistema, a trilha sonora pretende representar um contraponto conceitual do texto, induzindo na plateia distanciamento ou emoção[6].

Augusto Boal elaborou o sistema curinga após dar início, junto à sua companhia o Teatro de Arena, a uma primeira fase da nacionalização dos textos clássicos (1956-1956), a qual é sucedido por um fecundo período de promoção de uma dramaturgia nacionalista (1957-1964) e, o subsequente surgimento de um teatro de reação e resistência, frente à crise cultural pela instauração da ditadura militar (1965-1970). Assim, na peça emblemática deste período, *Arena Conta Zumbi*, é mostrada pela primeira vez no teatro brasileiro a figura de um herói revolucionário da revolta negra. O Teatro de Arena foi a primeira companhia profissional a incluir, de forma permanente, no seu elenco um ator negro (Milton Gonçalves), pelo mérito de suas qualidades de interpretação e não o relegando segundo os clichês da cultura cênica e social da época[7].

---

4 Cf. o verbete "Coringa", em J. Guinsburg et al. (orgs.), *Dicionário do Teatro Brasileiro*.
5 I. C. Costa, *A Hora do Teatro Épico no Brasil*, p. 127.
6 A. Boal, *Teatro do Oprimido*, ed. revista, p. 259.
7 D. de A. Prado, *O Teatro Brasileiro Moderno*, p. 68.

Críticos conceituados, como Décio de Almeida Prado, ao comentar os alcances do sistema curinga do Teatro de Arena, passaram a questionar o maniqueísmo e a simplificação da proposta dramatúrgica[8]. Numa outra resenha da peça *Arena Conta Zumbi* é questionada a função comunicativa do curinga, que é ungido de uma excessiva aura de iluminismo[9]. Mais teórica é a polêmica levantada por Anatol Rosenfeld, que além de questionar a mistificação do herói revolucionário, discute a vinculação entre o sistema curinga e a representação de figuras patriarcais. Para Rosenfeld, o trabalho de conscientização da plateia não passaria pela identificação mítica senão pela compreensão das lutas do povo[10].

Inicialmente, o termo curinga cumpria a missão de outorgar sentido ao ator minimalista e polimorfo. Hoje em dia, o conceito de curinga teve um deslocamento semântico, para ressignificar àquele que conduz o processo grupal no TO. A expansão desse conceito iniciou-se na década de 1980. Embora Boal não se tenha debruçado nas causas dessa mudança, ele propôs a importância de compreender os estilos do curinga, comentando a atitude física, as qualidades de escuta e outras reações que facilitariam a mobilização da plateia, mas asseverando que não se trata de impor regras de conduta[11].

O papel do curinga designa o coordenador das oficinas do TO. Inicialmente, cabe ao curinga apresentar as regras do teatro-fórum e logo exercer a função de mediador entre o palco e a plateia, propondo exercícios de aquecimento para *empoderar*[12] os espectadores na função de "espec-atores". Na metodologia do TO, as funções do curinga podem ser múltiplas: ele/ela deve ser capaz de servir de espelho para seus atores, dirigir uma peça de teatro-fórum, facilitar uma oficina e palestras sobre o TO, redigir e/ou estimular a criação coletiva de textos teatrais, apurando o estilo de uma peça de teatro-fórum.

---

8 A. Bernstein, *A Crítica Cúmplice: Décio de Almeida Prado e a Formação do Teatro Brasileiro Moderno*, p. 153.

9 Y. Michalski, *O Teatro sob Pressão*, p. 57.

10 *O Mito e o Herói no Moderno Teatro Brasileiro*, p. 50.

11 A. Boal, *Stop: C'est Magique!*, p. 147.

12 Empoderamento, conceito traduzido do inglês *empowerment*, refere-se ao processo pelo qual grupos comunitários adquirem autoestima e autodeterminação para se tornarem agentes de mudança no espaço público.

INTRODUÇÃO   XV

Na sessão de teatro-fórum, o curinga faz as vezes de mestre de cerimônias estimulando, o diálogo entre os atores e a plateia. Ela/ele deve reunir a função de artista e pedagogo, servindo de canal para a expressão das ideias e emoções do grupo. O curinga precisa impulsionar a diversidade de ideias com uma atitude intercultural: ele/ela deve ter conhecimento teatral, sobre cultura popular, pedagogia, psicologia, política e tudo mais que seja proveitoso. O desenvolvimento de um estilo pessoal sustenta-se no respeito às variantes regionais da própria cultura, tipologia de personalidade e grau de instrução: "O curinga pode assumir um estilo diferenciado, mas esses estilos diversificados nunca podem esquecer o lado humanista, pedagógico e democrático que é a essência do Teatro do Oprimido"[13].

O curinga também precisa mostrar competência na comunicação interpessoal, de modo a conseguir enquadrar uma eventual dispersão dos seus interlocutores; deve ter certa facilidade para expressar e sintetizar ideias, e ter capacidade para negociar e exercer a liderança de grupos. As técnicas do Teatro do Oprimido auxiliam pessoas a desmontar mecanismos de opressão, mas, nesse facilitar a "quebra de opressão", o curinga precisa desmistificar sua própria imparcialidade para evitar reproduzir situações de opressão, presentes na teatralidade das relações interpessoais, ou seja, fazer TO sem reproduzir situações de opressão.

Para Silvia Balestreri "ser curinga é ser um multiplicador das técnicas do TO. Como as oficinas de TO têm por objetivo a multiplicação, os participantes das mesmas são sempre curingas em potencial"[14]. Se Boal não comenta em seus livros sobre a figura do curinga, isso não significa que seus livros não sejam escritos para curingas, pois todo leitor é potencialmente um futuro multiplicador de suas técnicas[15].

As pesquisas acadêmicas sobre o Teatro do Oprimido não abordam, especificamente, a conexão entre o curinga e o movimento antiglobalização, a qual constitui o foco desse trabalho, por considerar que o curinga do TO tem agido como catalisador de movimentos contra-hegemônicos, anti-imperialistas e pró-direitos

---

13   Barbara Santos, apud P. Heritage, *Mudança de Cena* p. 82.
14   *Teatro do Oprimido: Revolução ou Rebeldia?*, p. 11.
15   Idem, p. 12.

civis. A presente pesquisa procurou validar a tese de que os centros do TO, inseridos num fazer político-teatral, ressignificam as técnicas de intervenção teatral, tal como têm redefinido o papel do mediador teatral, o curinga. Assim, esta pesquisa indaga acerca das implicações políticas de suas técnicas, ou seja, procura ver como essa metodologia teatral, desenvolvida por Augusto Boal, insere-se em diversas conjunturas e contextos culturais.

Outra questão de ordem diz respeito ao estatuto epistemológico do TO, isto é, pode-se apreciar que o TO é nomeado indistintamente de método, metodologia ou técnica. Porém, o que seria uma impropriedade conceitual adveio de uma práxis engajada, desvendando a tragédia humana do terceiro mundo, que se filia a um horizonte gnosiológico do oprimido. Nesse paradigma inscreve-se a publicação de obras pioneiras tais como: *Pedagogia do Oprimido*, de Paulo Freire; *Teologia da Libertação*, de Gustavo Gutierrez; *Psicoterapia do Oprimido*, de Alfredo Moffatt; *Filosofia do Oprimido*, de Enrique Dussel; e, nas artes cênicas a projeção desse paradigma é sistematizada no livro *O Teatro do Oprimido e Outras Poéticas Políticas*, de Augusto Boal. O Teatro do Oprimido, como visão de mundo e movimento teatral, revaloriza ações em prol das camadas excluídas da população e, mediante essa práxis engajada, põe em prática novas metodologias de intervenção social.

Desse modo, ele pode ser caracterizado tanto como método (indagação sobre o fazer teatral) quanto como metodologia (conjunto de técnicas). Cotidianamente, o trabalho do TO, como forma de intervenção comunitária pode remeter à metodologia da educação popular, posto que a sua metodologia se constitui mediante um conjunto de técnicas, jogos, dinâmicas, exercícios e formatos de sessões. Entretanto, ele pode ser situado como um método de interpretação teatral; nesse sentido a palavra método denomina uma forma de caracterização do intérprete e uma opção de reconstrução da verdade cênica, embora o espaço de ação do TO tenha sido deslocado para fora do edifício teatral, incentivando a participação democrática do cidadão. Mas ele, enquanto forma teatral, tem atacado problemas crônicos do dirigismo do movimento político-cultural e da verticalidade do pensamento de esquerda, o qual afeta igualmente a própria classe teatral[16].

---

16 J. Boal, *As Imagens de um Teatro Popular*, p. 126.

INTRODUÇÃO   XVII

Joseph Roach sugere um paralelo entre as técnicas de interpretação e a evolução da história da ciência, principalmente as pesquisas nas ciências psíquicas e biológicas, que foram inovando a relação entre corpo e espírito. Roach considera que a compreensão da vida afetiva na arte da interpretação não pode ser desligada da ideia de mudança de paradigmas científicos de *A Estrutura das Revoluções Científicas*, de Thomas Kuhn. Retoma o conceito da descontinuidade da história contida em *Arqueologia do Saber*, de Michael Foucault, para então sugerir que as descobertas científicas modificam não só a compreensão do corpo, pois para J. Roach, a teoria dos reflexos condicionados de Pavlov e a descoberta do inconsciente por S. Freud modificaram a relação do intérprete e seu papel[17]. A constatação dessa conexão dinâmica, entre as técnicas corporais e mudança de paradigmas na ciência, se reflete na afinidade entre o teatro espontâneo de Jacob L. Moreno, que é a apresentação de cenas teatrais sem texto prévio, e a técnica de teatro-terapia de Boal, chamada de "arco-íris do desejo". O TO aborda ainda opressões qualitativamente centradas no mal-estar do cidadão da grande metrópole. Para Boal, não há contradição entre as noções do "teatro didático", que desperte o autoconhecimento, e um teatro que explore a vida psíquica. Boal fundamenta essa dualidade na etimologia da palavra psique (*psyché*, em grego, remete a um espelho montado em molduras reclináveis). Para ele, o teatro faz parte da psique, pois os sujeitos podem ver sua imagem refletida e, no caso do TO, esse seria "um espelho onde se pode penetrar e modificar [a própria] imagem"[18].

Na edição revista de *O Teatro do Oprimido* (2005), Boal atualiza dois novos ensaios e um gráfico mostrando a árvore do TO. A metáfora polifônica do TO faz refletir sobre a natureza da interligação das técnicas, mas também propõe a imagem do crescimento e renovação desse teatro, pois olhando não para os galhos, mas a partir das raízes, a metáfora que se mostra é a da multiplicação do movimento teatral. Boal não entrega pistas se sua árvore seria uma metáfora da árvore da ciência e/ou da árvore da vida, ou se se trataria da ilustração de um organograma. No diagrama da árvore, são delineadas as ações diretas,

---

17 Cf. *The Player's Passion*.
18 *Teatro Legislativo*, p. 42.

lado a lado do denominado arsenal de técnicas do TO: teatro jornal (1968)[19]; teatro-invisível (1972); teatro-fórum (1974); teatro-terapia "arco-íris-do-desejo" (1989), teatro-legislativo versão-beta (1993). Em um desses galhos situam-se as ações diretas, as que fazem parte do movimento de resistência, envolvendo passeatas pacíficas, piquetes em prédios, teatro de rua, entre outros. Ações diretas podem ser usadas para silenciar um evento impopular, dramatizar uma injustiça, conseguir atenção da comunidade ou atenção da mídia, impulsionar a moral dos ativistas ou para escalar uma campanha eleitoral[20].

Em síntese, este trabalho está organizado em quatro capítulos: no primeiro, delineio o desenvolvimento do arsenal de técnicas do TO, intimamente vinculado à trajetória artística de Augusto Boal e do Teatro de Arena de São Paulo. Estabeleço um paralelo com a trajetória do Teatro Experimental do Negro – TEN e seus círculos de alfabetização. Em seguida, é exposto o conceito de teatro cultural, conforme surgiu na década de 1970 e sua vigência no contexto cultural atual. Por fim, é apresentada uma discussão sobre um conceito que poderia definir a atividade em um movimento de artistas-ativistas do TO: boalistas/ boaleanos.

No segundo capítulo, são apresentados e descritos os relatos das oficinas dos quatro centros pesquisados: CTO-Rio de Janeiro; GTO de Santo André (SP); TOPLAB, Nova York; Headlines Theatre (Vancouver, Canadá). Incluindo tanto uma descrição da metodologia empregada, para a capacitação de novos facilitadores das técnicas do TO, quanto para a construção de modelos significativos de peças de teatro-fórum.

No terceiro capítulo, são expostos os resultados do processamento das amostras, os quais compõem um corpus de jogos e exercícios das técnicas, angariados pela pesquisa participante e sistematizados na forma de versões de variantes das técnicas criadas ou adaptadas por Augusto Boal. Também é discutida a

---

19 As datas correspondem ao provável ano de sistematização das técnicas, que difere do ano de publicação dos livros de Boal. Muitos deles foram editados, inicialmente, numa língua distinta do português.

20 D. Moynihan, Using Direct Action Affectively, em M. Prokosch; L. Raymond (orgs.), *The Global Activist's Manual*, p. 161.

performance estilística do curinga, expondo certos protocolos e comandos que organizam seu papel mediador.

No quarto capítulo, são sistematizadas as análises interpretativas na forma de ilustrações de processos de trabalho. Elas pretendem esquematizar certas regularidades observadas pela comparação dos quatro centros. Os pontos delineados ligam a atualidade da espiral histórica do teatro cultural no presente movimento do TO: a questão da educação estética do oprimido nos coletivos teatrais e os projetos de intervenção sociopolítica; os moldes de protocolos e comandos no trabalho das oficinas; as mediações da performance do curinga; e por último, é representado o modelo qualitativo da intervenção no teatro-fórum que, na sua extrapolação, objetiva o *empoderamento* da plateia.

Finalmente, são apresentadas as considerações finais; uma reflexão sobre a validade do presente trabalho, estabelecendo as correlações entre a pesquisa empírica e as escolhas teóricas, assim tenta-se sugerir linhas de aplicação para a presente pesquisa, bem como, a partir dos centros comparados, apresentar uma crítica do conceito de curinga.

1. A Práxis do TO

Para que haja uma cabal compreensão das técnicas do TO e da arte do curinga, elas devem ser examinadas numa perspectiva intercultural e quiçá diacrônica, pois essas modalidades não têm seguido a mesma trajetória de outros movimentos teatrais.

Uma vez que a metodologia não procura respostas aleatórias na solução de problemas artísticos, partindo do questionamento das conjunturas políticas ela consegue aproximar-se do plano inter-relacional e intersubjetivo das pessoas. Essa metodologia de trabalho é capaz de desvendar ciclos de opressão, internalizada numa história transformada em corpo, ou seja, o corpo comporta vivências, experiências e sinais que fazem registro de um longo conflito social[1].

Visando elucidar a complexidade do TO, fixaram-se três categorias interpretativas: inicialmente, mostra-se o contraponto histórico do Teatro Experimental do Negro – TEN como uma manifestação teatral de indignação, surgida em meados do século XX; o segundo fator advém de uma práxis popular engajada numa disputa pela legitimidade do denominado teatro

---

1 A. Renk, *Dicionário Nada Convencional: Sobre a Exclusão no Oeste Catarinense*, p. 105.

AS REDES DOS OPRIMIDOS

cultural, que aparece no finais da década de 1960; o terceiro componente explica-se pela reificação do movimento do TO, entendendo que na antípoda das dicotomias do local-global e/ ou tradição-modernidade constituem-se os atuantes: boalistas e boaleanos.

O recorte teórico apresentado não pretende estabelecer a generalização dessas categorias em todo objeto performático, senão que tem por escopo a interpretação da pesquisa de campo junto aos Centros, desenvolvida através da pesquisa-ação em oficinas de multiplicadores das técnicas do TO. Assim, a pertinência das categorias interpretativas é tangente aos modelos de multiplicação de curingas, num contexto caracterizado pela globalização da cultura, e onde também o teatro comunitário estabelece redes de intervenção social. A pesquisa trabalha numa linha de mediações comunicacionais, indagando a ressignificação dessas mensagens teatrais e a apropriação imagética pelas plateias de espect-atores.

TEATRO DA INDIGNAÇÃO

A origem do TO remete-se ao início da década de 1970, numa época caracterizada pela crise do teatro latino-americano[2], que se manifestava num movimento teatral de resistência a formas de coerção política organizadas pelos regimes ditatoriais. No Brasil, a barbárie desencadeada pela ditadura militar (1964--1985) deixou marcas irreversíveis na vida cultural e no meio acadêmico, cujos efeitos traumáticos foram escalados pelo sistemático silenciamento e pela censura instituída. Três décadas após o término do regime castrense, continuam abrindo arquivos sobre os crimes cometidos nesse período, os quais têm incentivado núcleos de pesquisa sobre a memória da censura nas artes e na mídia[3].

Como aponta a crítica teatral latino-americana, a cultura de resistência esforçou-se em criar um teatro de denúncia das ini-

---

2 D. Taylor, *Theatre of Crisis, Drama and Politics in Latin America*, p. 20.
3 Cf. A Censura em Cena: O Arquivo Miroel Silveira (1930-1970), projeto de pesquisa sobre a censura teatral realizado pela ECA-USP.

quidades[4]. Mas não foi apenas nesse período que os elementos de denúncia contracultural direcionaram a atividade artística, pois de diversas maneiras isso já tinha sido explorado por dois desbravadores do teatro brasileiro, primeiramente por Abdias do Nascimento e posteriormente por Augusto Boal. Ambos os diretores viajaram pela Ameríndia, num périplo em que o estranhamento frente à cosmovisão andina produziu neles um ponto de ruptura com certa tradição teatral, ao posicioná-los perante outras lógicas de resistência cultural.

No caso de Abdias do Nascimento, foi em Lima no ano de 1941, quando, após assistir a um menestrel[5] – ator que representa maquiado de preto – ele decidiu contestar aquela antiga prática que fazia escárnio da "raça negra", um gênero de espetáculos cômicos igualmente frequentes no Brasil. Ato contínuo, ele desenvolveu um plano para resgatar valores da cultura afro-brasileira que tinham sido degradados e/ou negados pela supremacia ariano-ocidental. Posteriormente, Abdias fundou no Rio de Janeiro o Teatro Experimental do Negro (1944-1968), sendo a primeira companhia de teatro de afrodescendentes existente na América Latina. Nascimento implementou uma oficina de "alfabetização e iniciação cultural", objetivando preparar os integrantes do TEN para que desempenhassem teatro e ativismo. Ele quis extrapolar a finalidade dramática, com a proposta de ir além da denúncia, fazendo com que "o próprio negro tomasse consciência da situação objetiva em que se achava inserido"[6]. Até mesmo Augusto Boal fez leitura dramática de sua peça juvenil, *Martim Pescador*, nos eventos culturais do TEN[7].

O segundo "suspiro limenho" aconteceu nos tempos do exílio político, quando Boal foi trabalhar na reforma educacional peruana, a convite do projeto Alfabetização Integral (Alfin). Nesta estância nos Andes Centrais, Boal facilitou técnicas de teatro popular junto a promotores culturais do Sistema Nacional de Mobilização Social (Sinamos) e participantes das

---

4 E. Mostaço, *O Espetáculo Autoritário*, p. 13.
5 A palavra *minstrelsy* carrega na sua etimologia certa segregação pela semelhança ao meretrício.
6 M. G. Mendes, *O Negro e o Teatro Brasileiro*, p. 47
7 *Hamlet e o Filho do Padeiro, Memórias Imaginadas*, p. 87.

4   AS REDES DOS OPRIMIDOS

populações indígenas. No ano de 1973, ele transformou uma sessão de técnica de dramaturgia simultânea, numa cena rudimentar de teatro-fórum. Os acontecimentos daquela sessão têm sido recontados inúmeras vezes pelo próprio Boal, magnificando a identidade e a corporalidade desta mulher indígena quase de corpo mítico[8].

As experiências pioneiras do TEN e do TO representam uma resposta à arte de elite, que cerceia a identidade do negro e, de forma análoga, plasmam a expressão do indígena no caso do TO, igualmente, outorgando verossimilhança ao ofício do ator que quer interpretar num registro autenticamente popular. Outra semelhança entre os projetos do TEN e do TO consiste em que, nas suas origens, ambos focalizaram populações não alfabetizadas, tendo como alvo, respectivamente, a população segregada negra e uma maioria subjugada indígena. Destaca-se que a experiência de alfabetização do TEN iniciou-se em meados da década de 1950, conseguindo sintonizar-se com a experiência freireana da educação popular, que se norteia, através dos círculos de leitura, da incorporação da história oral e pelo registro do cotidiano.

As técnicas do TO se correlacionam à contribuição da pedagogia libertária de Paulo Freire, a qual sistematiza a práxis da educação popular, colocando como ponto de partida a problematização e o diálogo. Para Freire, o conhecimento deve "percorrer os caminhos da prática, e nesse percurso 'se dá' a reflexão através do corpo humano que está resistindo e lutando, e [portanto] aprendendo e tendo esperança"[9]. Desse modo, a pedagogia freireana – levantamento do universo vocabular, organização de círculos de cultura, e a ativação do processo de conscientização – tem subsidiado um suporte conceitual às técnicas teatrais do TO.

Num texto póstumo, "Pedagogia da Indignação"[10], Freire discorre sobre as implicações sociopolíticas dos programas de alfabetização, assinalando os riscos de os mesmos beneficiarem a expansão capitalista de uma "mão-de-obra barata", no

---

8   Cf. P. Dwyer, Theoria Negativa: Making Sense of Boal's Reading of Aristotle, *Modern Drama*, v. 48, n. 4, p. 635-658.

9   *Extensão ou Comunicação?*, p. 25.

10   *Pedagogia da Indignação: Cartas Pedagógicas e Outros Escritos*, p. 42-54.

A PRÁXIS DO TO

lugar de promover o avanço humano numa dimensão liber-tária. Nesse sentido, é possível refletir sobre o esquema teleológico nos centros do TO, ou seja, como essas técnicas teatrais procuram reagir contra a racionalidade instrumental e a espiral mercadológica da Indústria Cultural. O corolário das críticas ao sistema capitalista ver-se-ia cristalizado na procura por estruturas alternativas de produção teatral comunitária, que atingissem novas formas de organização grupal e redes de circulação de sua produção, que conseguissem driblar a mesmice do sistema[11].

Na metodologia freireana, o corpo é acionado em oposição ao consumo mercadológico e subliminar da publicidade. Assim como a técnica do TO procura ativar o corpo individual e coletivo para *empoderar* aquelas lutas travadas a partir de corpo(s) mecanizado(s), sancionado(s) e/ou coagido(s). Ainda assim há uma diferença entre a *Pedagogia do Oprimido* e as técnicas de TO, de Boal, pois ambas as teorias parecem ter princípios intercambiáveis, quando na verdade Paulo Freire é considerado mais um ícone libertário do que um pilar da proposta teatral de Boal. Uma verificação nas fontes bibliográficas comprova que o enfoque da educação popular e do Teatro do Oprimido compartilham o cuidado pela história viva dos sujeitos, mas também se distanciam na reprodução das cenas de opressão e na possibilidade de se multiplicar através da encenação no interior de grupos heterogêneos.

Uma leitura pós-freireana da educação popular pretenderia auxiliar na compreensão de novos oprimidos, no intuito de elucidar a complexidade das relações humanas. Anne Bishop ressalta que a concorrência entre os oprimidos no espaço conquistado trava a possibilidade de transcender àquela condição primária da consciência de ser oprimido, pois ela só pode ser transcendida pelo anseio do ator em desejar ser um multiplicador dessa experiência de independência, assim, essa nova linha de trabalho não se limita à elevação de uma consciência crítica, mas tenta também fortalecer as alianças multiplicadoras e uma real procura de aliados[12].

---

11 Cf. S.R. de C. Santos, A Bolsa e o Amor, *O Sarrafo*, n. 2, p. 11.
12 *Becoming an Ally*, p. 22.

Igualmente, a metodologia do oprimido tenciona desconstruir o discurso da dominação, fazendo releituras de mensagens hegemônicas, que subjazem na perpetuação de camadas de opressores/oprimidos. Nesse sentido, Chela Sandoval desmonta estruturas de opressão presentes no discurso da globalização, questionando a insuficiência do discurso da educação popular ao representar atuantes liminares do discurso – aqueles que fogem da classificação como seres nômades, sujeitos aleatórios e/ou corpos fragmentários[13].

O TEATRO CULTURAL

Concorda-se ao dizer que a cultura é uma das parcelas mais mutáveis da sociedade. As artes cênicas, especialmente, constituem um dos nichos mais atraentes para enxergar os sintomas da sociedade, tendo nas técnicas do TO um bom exemplo dessa interação dialética, pois essa forma teatral tem-se aperfeiçoado, tanto pelas mudanças acontecidas na última metade do século XX quanto pelos confrontos teóricos sobre o papel do artista na cultura atual.

No começo da década de 1960, surgiram o Movimento de Cultura Popular (MCP) em Pernambuco e os Centros de Cultura Popular (CPCS) no Rio de Janeiro, impulsionados pelo trabalho do educador Paulo Freire. Seu engajamento real com as lutas das populações rurais promoveu uma discussão na classe teatral, sobretudo no Teatro de Arena, polemizando acerca das linhas de ação. Quando o debate sobre cultura popular atingiu o Teatro de Arena, em São Paulo, ocorreu uma fragmentação de grupos agindo numa práxis diferenciada. Alguns esforços conceituais apoiaram a consolidação de uma dramaturgia essencialmente nacionalista, no entanto outros artistas optaram pelo caminho do *agit-prop* tentando multiplicar os grupos de ativistas[14].

No período anterior à publicação de *Teatro del Oprimido y Otras Poéticas Políticas* (1974), Boal tinha como alicerce teórico as quatro categorias de teatro popular: 1. teatro do povo e para o povo (de agitação e propaganda, peças didáticas, e culturais);

---

13 *Methodology of the Opressed*, p. 61.
14 I. C. Costa, *A Hora do Teatro Épico no Brasil*, p. 96.

A PRÁXIS DO TO

2. teatro de perspectiva popular, mas para outro destinatário (de conteúdo explícito e implícito); 3. teatro de perspectiva antipovo e cujo destinatário é o povo (teatro populista, de caráter antipopular explícito e implícito); e, finalmente, 4. o teatro *feito* pelo povo e para o *próprio* povo, i.e: o teatro jornal[15]. Nessa classificação podiam-se distinguir formas de ativismo engajado.

Conforme mencionado no início deste capitulo, a ditadura militar de 1964, mediante a implementação do Ato Institucional nº 5 (AI-5) do dia 13.12.1968, instituiu um aparelho de censura e repressão dos canais de expressão artísticos. Esse clima de intolerância foi contestado pelo Núcleo 2, do Teatro de Arena, através da multiplicação de experiências do teatro-jornal – uma encenação de notícias, então recentes, apresentadas numa sessão fechada. Essas sessões de teatro-jornal com um número restrito de público conseguiram gerar diversas células teatrais que multiplicavam as experiências de jornal vivo[16].

A efervescência do teatro-jornal vinculava-se às categorias do teatro popular, as quais pareciam concordar com certa poética marxista como se pode depreender dos versos de César Vallejo: "todo ato ou voz genial vêm do povo e vai até ele". O ditado que chama os artistas a assumir a perspectiva do povo fomentou um teatro antenado na carência cultural das massas e contestatório frente ao oficialismo do gosto cultural[17]. Já para José Celso, o teatro cultural do mesmo período poderia promover um ativismo acrítico e, também, até ter artistas orbitando ao redor dos aparelhos hegemônicos do Estado[18].

A faxina ideológica ditatorial, que se alastrou pela América Latina, deu lugar a um teatro de protesto e resistência não só como resposta ao autoritarismo, mas também aos circuitos de teatro burguês. É desse modo que experiências de teatro popular foram sistematizadas numa metodologia *sui generis* de intervenção, mais de acordo com nossa realidade. Assim, explica-se a sucessão de grupos investindo na metodologia de

---

15 O teatro-jornal foi inspirado no Living Newspaper do Federal Theatre Project (1936-1939) e as peças tinham um forte apelo político: *Ethiopia*, *Triple-A Plowed Under*, *Power*, *One Third of a Nation*, e *Spirochete*.

16 S. Garcia, *Teatro da Militância*, p. 137.

17 M. H. Kühner, *Teatro Popular: Uma Experiência*, p. 99.

18 J. C. Martinez Correa, *Primeiro Ato: Cadernos, Depoimentos, Entrevistas (1958--1974)*, p. 302.

criação coletiva, tendo como proposta a reflexão política, a vivência comunitária e o aprofundamento artístico.

Durante o dito período há uma relação simbiótica entre o teatro popular e as técnicas do TO, pois este coleta e difunde um arsenal de técnicas denominadas teatro-jornal, teatro-invisível, teatro-imagem, teatro-fórum, as quais emergem da necessidade de restabelecer uma comunicação autêntica e democrática. A subsequente repercussão das técnicas do Teatro do Oprimido devem seu poder de convocatória às teses, que aparecem no livro homônimo, no qual Boal apresenta uma teoria que dá munições aos questionadores da arte do *establishment*. No livro em questão, Boal define o teatro como sendo intrinsecamente político; ato seguinte, ele enuncia que a condição de espectador já por si constitui-se numa forma de opressão; e finalmente, é proposta uma metodologia de intervenção social, que pretende transferir ao espectador os meios de produção teatral, levando-o a participar da ação dramática em temas que o tocam e o estimulam a expressar a própria vivência mediante situações cotidianas[19].

Desse modo, Boal subsidia novos parâmetros para confrontar uma arte de elite, ao encorajar as plateias para que tentem assumir o lugar dos artistas-atores e, ocupando o espaço sagrado do palco, consigam achar respostas às suas próprias cenas de opressão. Tal é o caso da sistematização formulada no teatro-fórum, em que se apresenta à plateia uma pergunta verdadeira, não ficcional, em uma cena improvisada, após a qual um espectador é convidado a improvisar variantes do protagonista. Por essas características, o teatro-fórum "pode não ser revolucionário, mas é um ensaio da revolução"[20]. Essa técnica teatral procura eliminar o espectador e propor novas soluções diante da complexa problemática dos múltiplos atores sociais.

Indagar pela significação das técnicas de teatro-terapia do TO leva à análise das conjunturas políticas dos anos de 1980, já que durante essa década o TO transformou-se, não só pela ausência de uma perseguição ditatorial, mas também pelo "fim da história", na dissolução do corpo duplo feito cosmovisão: comunista/capitalista, e na queda emblemática do muro de Berlim. Do mesmo modo que na Alemanha, no Brasil "o teatro

---

19 N. G. Canclini, *A Socialização da Arte*, p. 172.
20 F. Peixoto, *O Que é Teatro*, p. 17.

em parte reagiu, em parte se ajustou, e em parte se ajustou reagindo"[21]. Os estudos da memória após o golpe de 1964 observam como a esquerda não sucumbiu, mas "produziu uma dialética desdogmatizada e produtiva (marxista, semimarxista e não-marxista)"[22].

Ao mesmo tempo, influenciada por novas correntes políticas, a técnica introspectiva denominada de "arco-íris do desejo" é uma modalidade de teatro-terapia, que consegue integrar problemáticas da sociedade dita e/ou tida como pós-moderna. Nos conglomerados urbanos ou megalópoles globalizadas, são propostos novos desafios para um teatro libertário perante o processamento de identidades, num conglomerado de culturas. Ainda que o termo teatro cultural tenha produzido certas polêmicas, o mesmo acontece na polêmica do conceito de multiculturalismo[23] – tida como proposta conciliadora de matriz hegemônica. Distintamente, as propostas do TO, ao reunirem atores e não atores em oficinas realizadas em diversas partes do mundo, concordam com uma perspectiva intercultural, posto que numa intervenção cultural há uma discussão dos problemas dos agentes, numa relação dialógica comunitária[24].

A trajetória do TO é caracterizada por trazer subsídios a manifestações da contracultura anti-imperialista. O debate travado entre as formas de globalização das iniquidades e a resposta dos ativistas teatrais do TO ajudam a entender como Boal, após sistematizar as técnicas de teatro-terapia, ao invés de continuar adentrando as profundezas do subconsciente, surpreende, idealizando o chamado teatro-legislativo (1996), no qual incorpora a noção da democracia transitiva, participativa e interativa.

Assim, as técnicas do TO têm contribuído para a criação de um movimento teatral global, o qual é paradoxal e politicamente antiglobalizador. Nessa direção, inúmeros eventos

---

21 R. Schwarz, *Que Horas São?*, p. 15.

22 Idem, p. 130

23 O conceito de multiculturalismo obscurece a organização de tarefas antiopressão. Posto que, num debate ideológico-conceitual, o termo dá a ideia de respeito e convivência cultural irrestritos. O viés aplicado à metodologia do TO levaria a apagar as diferenças culturais frente à hegemonia econômica e cultural do Ocidente.

24 Cf. o verbete "Interculturalismo", em J. Guinsburg et al. (orgs.), *Dicionário do Teatro Brasileiro*.

antiglobalização como o Fórum Social Mundial (FSM Porto Alegre, 2001-2005) têm incluído oficinas do TO. Outro vínculo de resistência global do TO constitui a parceria do CTO-Rio junto ao Movimento dos Trabalhadores Rurais Sem-Terra (MST), iniciada em 2001, com a Brigada Patativa do Assaré (com membros representantes de 23 estados), que posteriormente inseriram as técnicas na formação de novos quadros e nas ações diretas do movimento. Outro exemplo da parceria MST e CTO consolidou-se na Marcha Nacional pela Reforma Agrária, em 2005, quando 270 militantes atuaram numa forma teatral denominada de teatro-procissão – uma história da luta pela terra, encenada ao longo das diversas terras do Brasil.

Embora o movimento antiglobalização estrategicamente aposte no boicote às multinacionais, há uma fratura geopolítica no seio do movimento, incentivada pela desigualdade no acesso aos veículos de informação e comunicação[25], pois, por exemplo, ONGs ambientalistas e ativistas verdes têm sido usados instrumentalmente pela mídia para debater as contradições da política agrícola do MST. Por trás do aparente paradoxo, situa-se, além do problema do controle noticioso, um confronto ao redor de um modelo de ação educativa, assim como na própria consciência de classe e de território entre o hemisfério norte e sul. Esse é o ponto que passarei a desenvolver a seguir.

BOALISTAS E BOALEANOS NO TO

Conceituados críticos teatrais como D. Gerould e F. Peixoto distinguem dois estágios no desenvolvimento do TO: o primeiro, é influenciado pela ideologia marxista, emergindo com produções de teatro de vertente nacionalista e, num segundo estágio, o TO viria excursionando no domínio das terapias artísticas, sob as mais sutis e complexas formas de dinamização que abordam os conflitos da sociedade virtual e as fronteiras do pós-humano[26].

---

25 MacBride Report – NOIC (New Order of the Information and the Communication), Unesco, 1980.
26 Cf. *Theatre/Theory/Theatre*; *O Que É Teatro*, respectivamente.

A primeira fase do Teatro do Oprimido corresponde àquela dicotomia já exposta: indignação/alfabetização política e teatro cultura/anti-imperialismo. No período entre 1954-1971[27], Boal é ungido na plêiade dos grandes diretores teatrais, por seu trabalho renovador do repertório no Teatro de Arena de São Paulo. Este grupo teatral deu início a um trabalho experimental a partir de peças contemporâneas, para logo adentrar uma fase nacionalista exploratória da cultura autóctone, por meio de retratos vivos de heróis populares. Nesse período, encenaram-se os temas do futebol (Vianinha), a greve na fábrica (Giafrancesco Guarnieri), bem como os heróis mitificados: Zumbi e Tiradentes (parcerias de Guarnieri e Boal). No Teatro de Arena, a criação teatral perpassava pelo questionamento das conjunturas políticas, pelo estudo aprofundado das temáticas e da práxis engajada, mediante uma dramaturgia nacionalista.

Todavia, os símbolos da cultura clássica, fundidos com certos componentes da identidade nacional, podem ser observados num dos últimos estilos explorados por Boal, como é o caso das denominadas sambóperas: *Carmen* (1999), *Traviata* (2001). Nessas peças, Boal explora como *metteur en scène* sua vertente modernista. Como o título sugere, o sambópera acena numa linha antropofágica, quer reabsorver óperas ocidentais já canonizadas e reincorporá-las numa leitura contemporânea.

Outro elemento que distingue o movimento inicial do TO é sua isenção de qualquer obrigação acadêmica. Os modelos de inspiração do Teatro do Oprimido vêm de uma linha marxista latino-americana, como a educação popular e a teologia da libertação. Como coloca Frei Betto, a releitura de Karl Marx é feita como uma ferramenta de libertação dos povos oprimidos, que não quer só ficar no terreno do debate intelectual. Assim o clero católico, ao participar da organização do povo insurgente, contestou o axioma anticristão "a religião é o ópio do povo", na revolução da Nicarágua, na guerrilha colombiana e no fenômeno subversivo do Sendero Luminoso. Similarmente, uma das técnicas, denominada de teatro-invisível, inspira-se numa vertente de teatro de guerrilha, ou seja, a performance planejada pelos atores camuflados desencadeia reações nos circuns-

---

27 Em 1971, junto a outros artistas da época, Boal foi sequestrado pela ditadura pelas supostas ligações com a Ação Libertadora Nacional (ALN).

tanciais transeuntes que vão além do *agit-prop*. O TO espelha-se na máxima de Che Guevara "ser solidário é correr os mesmos riscos", tentando extrapolar o perímetro do palco.

Outro parâmetro do TO é a proposta epistemológica da educação popular através do seu empreendimento de "alfabetização política", como uma tática de confronto às estruturas de dominação e à "pedagogia bancária". Assim, tanto Boal como as contribuições do educador Paulo Freire podem ser inseridas numa reflexão marxista sobre a educação do "novo homem" num programa socialista. Outro conceito freireano é o da "conscientização" e da orientação social pelas maiorias oprimidas. Nele, Freire levanta a crítica de Marx em sua terceira tese sobre Feuerbach: "o educador deve também ser educado"[28], ou seja, de como o processo de conscientização deve assumir um caráter dialético para se tornar uma prática libertária.

A ideologia teatral, parafraseando Lavoisier, não se cria, nem se perde, senão tudo se transforma. Assim, o primeiro período do TO foi capaz de regenerar-se e, no mais, os atores boalistas são aqueles influenciados pelo nacionalismo latino-americano. Aliás, pode-se enxergar em Boal um mentor do movimento integracionista bolivariano, pois as técnicas libertárias do TO cristalizam a utopia do homem novo. Ele contribuiu ainda, através dos heróis messiânicos das peças do Teatro de Arena, para a consolidação do modelo dramatúrgico de criação coletiva.

Seu sistema teatral gera controvérsias. Dentre as críticas geradas pela obra o Teatro do Oprimido, vinha-se especulando sobre a caducidade das teses do livro pela visão maniqueísta da esquerda daquele período, que se distância das estratégias do atual movimento popular[29]. Assim passa-se a criticar a dualidade do termo "revolução" no TO, ou seja, se o termo efetivamente significaria "transformação" ou "reformismo". Questiona-se o raio de ação de seus projetos comunitários de intervenção, e se esses conseguiriam, a longo prazo, desestruturar as opressões da mídia global[30]. O trabalho de alfabetização de adultos também tem perdido visibilidade, pois essa aparenta ser uma tarefa datada

---

28 *Pedagogia do Oprimido*, p. 68.
29 I. Almada, *Teatro de Arena: Uma Estética de Resistência*, p. 95.
30 G. Bornheim, *Teatro: A Cena Dividida*, p. 17.

perto do deslumbramento pela inclusão digital, empreendida através das tecnologias primeiro-mundistas.

Outra ressalva refere-se ao distanciamento dos objetivos políticos originários do movimento de teatro popular latino--americano, pois no método de teatro-terapia sucumbe-se à lógica da personalização dos problemas sociais[31]. E, por último, conflitou-se o engajamento real do facilitador/participante numa dimensão intersubjetiva com a cultura do medo e do silêncio, no processo de construção da autodeterminação[32].

A práxis teatral é imersa numa complexa rede de atores engajados numa arte solidária – além das já tradicionais minorias étnicas, surgem os grupos pró-direitos civis. Em qualquer uma das oficinas, montadas em locais não convencionais, são ensaiadas ações futuras que privilegiam a "humanização dos despossuídos" (e/ou injustiçados), por meio da restauração da capacidade artística e processando as inter-relações dos pequenos grupos[33].

O TO estabeleceu uma rede que abrange centros multiplicadores dessa técnica de teatro popular em mais de setenta países nos cinco continentes. Essas experiências têm em comum o trabalho junto às classes oprimidas e com pessoas oprimidas, e até mesmo no interior dessas classes, pois numa sociedade complexa, elas são excluídas e, mediante as técnicas do TO, podem reconstruir suas cidadanias[34].

O fato de o TO ser uma técnica utilizada globalmente em países com realidades contrapostas e por especialistas que misturam tal metodologia a outros paradigmas interdisciplinares, como os das ciências da saúde e outras aplicações da cibernética, faz que a sua metodologia teatral experimente uma espécie de "branqueamento". O dito fenômeno pode igualmente residir na fragmentação dos modelos teóricos ou no deslocamento do objeto pesquisado, i. e.: teatro do opressor. Outras vezes, o referido branqueamento é resultante da *impronta* midiática – aprendizagem rápida e irreversível, acontecida num

---

31 A. Pereira, Boal e Brecht – o Teatro-Fórum e o *Lehrstük*: A Questão do Espectador, em A. Bião et al. (orgs.), *Temas em Contemporaneidade, Imaginário e Teatralidade*, p. 142.

32 D. Baron, *Alfabetização Cultural*, p. 129.

33 A. Boal, *Arco-Íris do Desejo*, p. 105.

34 P. Heritage, *Mudança de Cena*, p. 16.

estágio inicial da vida – que espiralando mercadologicamente a vida cultural encontra no TO um recurso *candid câmera* nos seus formatos televisivos de *reality show*.

A dicotomia boalistas/boaleanos advêm de diversas leituras da obra de Boal. A primeira postura origina-se na América Latina, e é Boal quem revigora o teatro de cunho marxista, oferecendo ferramentas para o combate da dependência e alienação cultural. Já o modelo boaleano atinge uma universalidade num sistema filosófico e estético. Igualmente, o modelo boaleano lida com três fatores: a cultura viva, a alfabetização midiática e a multiplicação diversificada de curingas. No próximo capítulo, serão apresentadas as especificidades dos modelos em quatro centros do TO.

2. O TO e seus Espelhos Multiplicadores

Este capítulo está ligado diretamente a um mergulho nas oficinas de capacitação de curingas. O convívio junto aos militantes do TO foi essencial para adquirirmos uma visão global sobre as problemáticas enfrentadas por diversos centros, e como os especialistas conseguem equacionar as técnicas do Centro em diversos contextos e conjunturas.

A disseminação do Teatro do Oprimido subverte a noção de centro e periferia. Há grupos trabalhando ativamente em suas técnicas em grandes metrópoles como Rio de Janeiro, Paris, Nova York ou Vancouver e também, como registra o guia das páginas amarelas do TO[1], existem grupos ativos em países emergentes dos cinco continentes. Essa representatividade promove o intercâmbio entre especialistas e tradutores, adaptando técnicas às necessidades das múltiplas línguas vernáculas como, por exemplo, o termo curinga que é traduzido como *joker, comodín, giolli* etc.

A pesquisa de campo que integra este estudo utilizou como referência a metodologia da pesquisa-ação[2], sendo aplicada em

---

1 http://www.theatreoftheoppressed.org é uma página na internet administrada pelo FORMAAT, grupo teatral de Rotterdam, Holanda.

2 A metodologia de pesquisa-ação articula o saber junto ao agir – social, comunicativo, pedagógico e militante. Ver M. Thiollent, *Metodologia da Pesquisa-Ação*, p. 100.

quatro centros que formam os quadros de multiplicadores do TO. Além disso, essa abordagem metodológica tem sido muito apropriada por sua possibilidade de fornecer um retorno dos resultados da pesquisa para os locais e sujeitos participantes em cada um dos centros, os quais têm sido diversificados. Por exemplo: no Toplab colaborou-se na facilitação de jogos e aquecimentos; já no GTO foi solicitada a redação de um artigo e, em paralelo a essa atividade, facilitei dinâmicas durante a capacitação no CTO. Após a participação nas oficinas de capacitação foi possível apresentar os avanços obtidos para o desenvolvimento da presente pesquisa no Festival Nacional de Teatro Legislativo, no Rio de Janeiro, em outubro de 2005.

Para apresentar o percurso deste estudo, as oficinas pesquisadas foram caracterizadas por meio de suas atividades programáticas, destacando a organização dos centros, a condução das oficinas e as características dos participantes. A pergunta central que norteou a escrita deste capítulo refere-se à inserção da multiplicação de curingas no contexto do movimento antiglobalização.

CTO-RIO:
REINVENTANDO O TEATRO POPULAR

O Centro de Teatro do Oprimido foi fundado em 1989 por Augusto Boal, definindo-se como um centro de pesquisa e formação que visa a difusão do TO no Brasil. Anteriormente, com características similares, o projeto Fábrica de Teatro Popular, de 1986, foi inviabilizado pelas mudanças político-partidárias no governo do Rio de Janeiro. Atualmente, o CTO-Rio ocupa um prédio tombado no Corredor Cultural da Lapa, tendo sido instituído pelo Ministério de Cultura, através do Programa Pontos de Cultura, como um centro irradiador de cultura no país e o exterior.

Durante seu mandato como vereador (1992-1996), Boal implementou no CTO o teatro-legislativo, o qual não é propriamente uma técnica teatral, mas sim o direcionamento da metodologia do TO, com o objetivo de traduzir a vontade da população em leis. Naquele período, frutificaram os núcleos de participação popular imbuídos pela atividade legisladora, obtendo

O TO E SEUS ESPELHOS MULTIPLICADORES

treze leis municipais e duas estaduais. Também se estabeleceu a equipe de curingas do CTO que participaram ativamente da gestão, ocupando praças públicas com programas artístico-culturais que incluíam encenações de teatro-fórum. Outros formatos inovadores de teatro-fórum que surgiram a partir de eventos do teatro-legislativo são: as Sessões Solenes Simbólicas – que procuram reproduzir os rituais das câmaras legislativas– e o Fórum Legislativo Relâmpago – que num período de três horas consegue improvisar sobre um tema livre, criar imagens e cenas de fórum, encerrando com uma votação de propostas de lei. Desse modo, o teatro-legislativo substituiu o conceito de teatro político pela ideia de fazer teatro como política.

Nos primeiros anos do Centro, os curingas coordenavam os grupos populares em duplas e redigiam rigorosos informes de avaliação de suas atividades como oficineiros. Assim, os depoimentos dão-nos conta do processo de amadurecimento através de um mergulho nas técnicas e dos inevitáveis tropeços na tarefa de facilitar grupos populares[3].

Boal distingue, entre as intervenções teatrais do CTO-Rio, aqueles projetos desenvolvidos genericamente em universidades, sindicatos, prefeituras e instituições da sociedade civil, e outros três projetos denominados nevrálgicos: Direitos Humanos em Cena, formação de militantes-curingas do MST e o teatro-legislativo. O projeto Direitos Humanos em Cena faz parte de uma parceria entre o CTO-Rio e o Departamento Penitenciário Nacional – Depen, tendo sido implantado nos estados de São Paulo, Rio de Janeiro, Pernambuco, Distrito Federal, Rondônia e Minas Gerais. O mesmo projeto também tem sido implementado para jovens em conflito com a lei, a fim de promover a discussão e a difusão do Estatuto da Criança e do Adolescente (ECA).

A metodologia do TO tem sido conjugada com as intervenções nos sistemas prisionais e socioeducativos, ocasionando certa polêmica, pois, para Boal, o trabalho em presídios ou reformatórios pode proporcionar aos participantes uma liberdade estética para refletir sobre as escolhas éticas[4]. Assim, quem facilita as técnicas se vê envolvido pelo julgamento de

---

3   Cf. S. Balestreri, *Teatro do Oprimido: Revolução ou Rebeldia?*, p. 28; N. T. da Silva, *A Poética do Oprimido e a Poesia da Negritude*, p. 61.
4   *O Teatro como Arte Marcial*, p. 144.

estar revalorizando uma função socialmente estigmatizada, não só a do criminoso, mas também a dos agentes penitenciários, carcerários, juízes, policiais etc.

Outro projeto, denominado Dialogar para Aproximar, busca promover o diálogo teatral sobre direitos sexuais de jovens homossexuais e uma discussão sobre o impacto das crenças religiosas em situações de risco como o contágio de DST, HIV/Aids. O projeto propõe estimular na plateia a formulação de novas propostas de lei para o problema encenado, as quais têm sido encaminhadas às instâncias pertinentes.

Os grupos do CTO envolvidos nesse projeto são o Artemanha (1998), que aborda temas de homossexualidade, aborto, drogas e religião – a peça de teatro-legislativo *Fruto Proibido* é um exemplo dessa temática; o grupo Pirei na Cena (1997), que é integrado por usuários do sistema de saúde mental, seus familiares e simpatizantes da luta antimanicomial, com o intuito de abordar a temática da sexualidade e da loucura. Como resultado, o grupo Pirei na Cena tem produzido as peças: *Ser ou Não Ser Positivo* (1998); *Um Amor muito Louco* (2000), sobre a vida sexual na loucura; *Os Contrários de perto Ninguém é Normal* (2002), sobre os conflitos desencadeados pela medicação; *É Melhor Prevenir que Remédio Dar* (2003), sobre o lado saudável da loucura e as dificuldades da sexualidade plena.

Um outro nível do trabalho do CTO-Rio está focado nos grupos comunitários. No complexo da Maré, há dois grupos: o Maréarte (1999) e o Arte Vida (2001), cujas representações associam-se às vivências dos jovens que moram nas favelas cariocas. Outro grupo é o Marias do Brasil (1998), composto por empregadas domésticas que, no teatro-fórum, apresentam a peça intitulada *Eu Também Sou Mulher*, com muito requinte estético expressando a cultura dos migrantes nordestinos e aliado a um trabalho de alfabetização, mediante os recursos da poesia. Boal dedicou a elas um belo ensaio abordando a invisibilidade social e o redimensionamento da própria identidade através do teatro[5].

O CTO-Rio tem recebido inúmeros convites, de diversos Estados do Brasil e de outros países, para ministrar oficinas voltadas para projetos temáticos e/ou para capacitação de recursos

---

5   Idem, p. 12.

humanos. O Centro privilegia projetos de multiplicadores, especialmente aqueles voltados para ONGS e administrações democráticas envolvidos em mudança social, que planejem iniciar projetos de participação popular e pretendam aumentar os canais diretos de comunicação com a população. Exemplos dessas iniciativas são: Santo André (Secretaria de Participação e Cidadania); Porto Alegre (descentralização da cultura); Juiz de Fora (Gerência de Promoção da Cidadania); São Paulo (Departamento de Teatro); Goiânia (Secretaria da Cultura) e Betim (Secretaria de Educação).

Acontece, portanto, cada vez com maior frequência, a possibilidade de os facilitadores do CTO-Rio serem apresentados a grupos no Brasil e no exterior, mesmo que nenhum dos integrantes tenha feito capacitação junto a eles. Essa prática é vista como uma valiosa contribuição por ter lançado uma metodologia viva, que continua se reproduzindo, independentemente do seu criador[6].

Desse modo, os recursos adquiridos num estágio no Centro, ou mesmo nas oficinas de multiplicadores propiciam uma reflexão sobre a filosofia do Teatro do Oprimido, em especial a visão cooperativa dos jogos e o papel do não ator como método de interpretação. Outro tipo de vivência consiste em participar da concepção de novas técnicas do TO, prática denominada "técnicas no estaleiro". Boal e outros curingas visitantes divulgam novos jogos e exercícios coletados nas suas viagens por outros países; dessa forma aconteceu com o "Jogo do Nome do Destino", do GTO-Maputo ou o "Jana Cabana", do Jana Sanskiti – Índia.

Embora as oficinas de capacitação de multiplicadores sejam marcadas em locais, datas e para públicos certamente específicos, um bom número dos participantes é composto por jovens, viajantes e "mochileiros", que procuram por hospedagem em apartamentos de amigos. Esses jovens participantes das oficinas do Centro estão concluindo sua formação universitária ou mesmo redigindo trabalhos acadêmicos, pois a procura por técnicas de participação solidária direcionadas a populações não atingidas pelo circuito artístico convencional é um tema emergente.

6 Idem, p. 58.

Em 2004, foi iniciada a oficina de capacitação de multiplicadores solicitando aos participantes que escrevessem listagens dos seus jogos e exercícios mais utilizados; outra listagem dos exercícios que lhes suscitassem dúvidas; uma terceira listagem daqueles exercícios que "os outros usam, mas eu desconheço" e uma última listagem daqueles exercícios que "os outros têm dúvidas, mas que eu os considero simples". O compartilhamento das experiências é a chave dessa metodologia e no CTO, esta premissa é explorada até as suas últimas consequências.

TOPLAB:
A LINHA DURA EM NOVA YORK

O Theatre of the Oppressed Laboratory (Toplab) foi fundado em 1990 na cidade de Nova York (NYC), sendo considerado o mais antigo entre os centros de TO nos EUA. A proposta do Toplab concentra-se em tornar-se um centro para a prática e divulgação das técnicas do TO nos EUA. Atualmente, eles trabalham junto a educadores, profissionais em saúde pública, líderes sindicais e comunitários e outros ativistas interessados no uso do teatro como ferramenta para organizar, analisar e explorar soluções para a problemática da opressão, oriundas de situações de discriminação racial, injustiças no trabalho, na escola ou na comunidade.

Desde sua fundação, o Toplab promoveu oficinas anuais com Boal, onde participavam não só estudantes e ativistas americanos, mas também participantes dos cinco continentes que encontravam uma vantajosa oferta de rotas aéreas para a cidade de Nova York. Além disso, em 2006, convidou os curingas Julian Boal e Geo Britto para facilitar oficinas de TO.

Embora a maioria de seus projetos aconteça no Estado de Nova York, ou naquela região chamada genericamente de Nova Inglaterra, eles têm ministrado muitas oficinas em outros países como Guatemala e México. Outros curingas formados pelo Toplab já têm trabalhado em lugares mais distantes como Azerbaijão, Sri Lanka, Japão etc. Igualmente, têm participado de festivais do TO em Paris (1991), no Rio de Janeiro (1993), além do Congresso de Pedagogia e Teatro do Oprimido em Omaha (1997) e Nova York (1999).

Desenvolveu-se uma parceria no Renaissance Charter School (1996-2000), envolvendo professores, pais e alunos. O Toplab também tem promovido oficinas no Hunter College, Union Theological Seminary, Hofstra University e outras instituições de ensino superior. De forma similar, ele colabora com sindicatos de trabalhadores, agrupamentos políticos, ou pró-direitos civis, entre essas últimas pode-se incluir a Aliança Dominicana e a Liga Internacional Feminina pela Paz e Liberdade entre outras.

No ano 2000, o Toplab iniciou o Programa Anual de Estágio, concebido para treinar ativistas de diversas organizações nas técnicas do TO e para torná-los capazes de multiplicar essas técnicas nos seus próprios grupos. As oficinas do Programa de Estágio acontecem regularmente entre os meses de janeiro e junho, estando abertas tanto para os regularmente inscritos no programa de estágio como para o público em geral. A grande diferença é o compromisso de supervisão e o grau de compromisso assumido nas oficinas. Os estagiários podem facilitar depois essas técnicas nos seus próprios grupos e receber um *feedback*, e também participam da construção das Oficinas do Toplab, assim como acontecem sessões extras para avaliar o andamento do programa e das oficinas.

Desde sua fundação, o Toplab tem uma associação com a Nova Escola Marxista de Nova York (NYMS), mais conhecida como o Brecht Forum (ONG onde todos os trabalhadores têm salário iguais), que funciona como o *sponsor* fiscal do Toplab, administrando suas verbas e preparando prestações de contas. A abordagem do Toplab utiliza ideias marxistas, mas cientes do risco do discurso sectário. Assim, o Toplab coloca a análise do sistema de classes como determinante para a compreensão das diversas formas de opressão, entendendo a luta de classes como fator decisivo para o desenvolvimento histórico e a classe trabalhadora como agente dessa mudança social.

O programa do Toplab alinha-se na tradição da educação popular e num amplo movimento mundial de transformação social revolucionária. Portanto, adota critérios políticos específicos para o desenvolvimento do seu trabalho: opondo-se aos valores capitalistas, não vende seus serviços a consumidores; promove valores humanistas e trabalha pela criação de uma sociedade socialista; promove uma análise da opressão baseada na correlação entre opressão de classe, raça e sexo; defende os direitos dos trabalhadores; contrapõe-se ao trabalho das corporações, portanto, não treina administradores recrutados por projetos patrocinados por multinacionais; oferece treinamento a grupos com base em critérios políticos e não financeiros, incluindo treinamento gratuito a grupos ligados ao ideário por uma causa comum e aceitando contribuições, baseado em acordos mútuos; opõe-se à arte elitista ou também chamada "arte pela arte" promovendo a arte como uma forma de ativismo e enfatiza os objetivos políticos radicais da educação popular como o fator principal que distingue o TO do sociodrama e da dramaterapia.

Implementando um projeto marxista, o Toplab focaliza sua atividade em trabalhadores, grupos pacifistas e antimilitaristas, e colabora solidariamente com indivíduos que procuram efetuar mudanças sociais duradouras por um mundo melhor.

Entre o público participante de suas oficinas, incluem-se associações de trabalhadores, estudantes, pacifistas e ativistas sociais, organizações comunitárias, educadores populares, educadores do magistério, artistas do teatro, promotores culturais e outras inúmeras pessoas e grupos que estão envolvidos na transformação da sociedade. O funcionamento do Toplab deve seu sucesso aos facilitadores associados: Carmelina Cartei, Victor Cole, Bill Koehnlein, Janet Gerson, Esperanza Martell, Marie-Claire Picher, e Linda Provenza. Seus membros têm contribuído para a coalizão do Theatre Against the War, em uma frente de artistas e ativistas que fazem demonstrações antibelicistas contra as violentas e as políticas internacionais unilaterais da administração Bush, que mediante uma apelidada "guerra ao terror" tem cerceado os direitos civis nos EUA e ao redor do mundo.

O Toplab realiza festivais anuais de TO, sendo o propósito dos mesmos mostrar o trabalho dos estagiários. Os festivais têm também o auspício do Brecht Forum e do teatro da Igreja, em Riverside. O referido festival coincide com o término do programa de estágio, sendo apresentadas peças de teatro-fórum que são projetos desenvolvidos pelos estagiários e membros de suas comunidades.

Na programação do festival do estágio da turma 2006, incluíam-se apresentações de peças convidadas: *The Women of Green Hope Services in East Harlem*, com a participação de Jeremiah Drake e dos estagiários dos grupos: Edyou – Education Determined by You; Philadelphia Adult Education and Literacy Project; Jews for Racial and Economic Justice[7]; Make the Road by Walking; The Simmons College Social Work Theater Group; and Theater for Change, um conjunto de pedagogos que usa o teatro para o desenvolvimento do seu trabalho social.

A transcendência do programa de estágio pode ser medida pelo número de participantes que tem se destacado ao aplicar as técnicas em organizações, comunidades e trabalho político. Como se pode apreciar pelo número de projetos, uma das linhas de pesquisa mais desenvolvida constitui a aplicação das técnicas do TO em sala de aula. O Toplab aposta no uso interdisciplinar do teatro como uma forma de confrontar a polarização entre quem focaliza os programas educacionais, em função do sucesso acadêmico, ou quem tenciona preparar aos alunos para que possam interagir positivamente nas suas comunidades.

O Toplab promove uma escola que reconhece o avanço do pensamento crítico como objetivo fundamental para o processo educativo, facilitando através de dinâmicas teatrais, formas práticas para o desenvolvimento dessas competências em sala de aula. Ele tem promovido a inclusão política e social, entendendo a participação do conjunto dos estudantes como um componente integral do processo educacional e como uma ponte entre o conteúdo dos cursos e as próprias histórias de vida.

Dessa forma, o Laboratório do Teatro do Oprimido acredita na pedagogia freireana, questionando a mesmice que sustenta a ideologia da "educação bancária", para propor estratégias de alfabetização, implementadas através de três componentes: minimizar a alienação – estudante, professor e texto – mediante uma aproximação interativa do ensino; colocar o diálogo no centro do processo de aprendizagem; vislumbrar a integração de habilidades e práticas sociais, tais como a autodeterminação e a cooperação, como componentes inerentes da alfabetização.

---

7 Ver sobre Jews for Racial and Economic Justice em <http://www.jfrej.org> e sobre Make the Road by Walking em <http://www.maketheroad.org>.

Nas oficinas, os jogos e técnicas enfatizam o processo de descoberta e o *empoderamento* que se vai consolidando numa instância individual, bem como na experiência coletiva. Sendo seu ponto de partida o discernimento particular que progressivamente amplia-se na reflexão grupal. Desse modo, o individual é valorizado na sua experiência da alteridade, ou seja, quando o ego tem como ponto de contenção o outro, então a diversidade e o compartilhamento tornam-se o foco do processo.

O Toplab tem demonstrado a possibilidade de inserir as técnicas do TO como ferramentas da prática pedagógica nos mais diversos programas de humanidades e ciências sociais. Essas técnicas focalizam diretamente o problema da passividade e falta de motivação que imperam entre os alunos, fazendo com que eles criem paralelamente textos imagéticos e orais, baseados na sua própria experiência de vida. Assim mesmo, as imagens sinestésicas estimulam a expressão, abrindo novas perspectivas que podem beneficiar o trabalho da escrita, da língua e da literatura. Devido ao fato de as imagens não verbais evocarem o processo do subconsciente, essas têm sido consideradas comprovadamente especiais na abertura de discussão a novas ideias aplicadas em tópicos mais complexos como racismo, questões de gênero, alienação, problemas dos idosos e da família. De fato, as imagens estáticas de corpos vivos podem funcionar como um poderoso gerador de ideias ao promover uma profunda análise crítica em torno de programas curriculares[8].

O GTO:
SENSIBILIZANDO O PODER PÚBLICO

Em 1997, a Prefeitura Municipal de Santo André – SP realizou uma parceria com o CTO-Rio para implementar um projeto de Teatro do Oprimido, tendo a dupla missão: constituir um grupo para teatralizar questões e temas de interesse da comunidade, e torná-lo um grupo multiplicador de novos grupos de TO.

---

8   Texto de C. Cartei e M. C. Picher extraído da página web do Toplab.

O TO E SEUS ESPELHOS MULTIPLICADORES

Assim, o GTO-Santo André é uma pequena equipe de ativistas teatrais, que tem disseminado novos grupos comunitários na região do ABC. O município de Santo André, com uma população estimada de 669.592 em 2005[9], conta com 137 favelas, nas quais moram 88.000 pessoas, tendo uma taxa de desemprego acima dos 18%[10].

Desde o início de 2004, as oficinas de capacitação têm sido ministradas pelos próprios integrantes do GTO-Santo André (Armindo Rodrigues Pinto e Elena Bento), que assumiram o risco de sistematizar a multiplicação de facilitadores das técnicas do TO usando suas próprias experiências de campo. O público interessado pelas oficinas de capacitação é composto, majoritariamente, por funcionários públicos da prefeitura, enquadrados em diversos perfis e vinculados às seguintes áreas: pessoal da saúde, assistentes sociais, psicólogos, estagiários e vizinhos do município.

As oficinas de capacitação de curingas têm combinado teatro de rua, técnica circense, aulas de dança e exercícios de interpretação. O aparente ecletismo explica-se pelas necessidades específicas dos grupos do GTO. A capacitação consiste num mergulho diário nas técnicas do TO, sendo combinado o processo psico-físico junto a depoimentos e discussões sobre questões político-estéticas, como o modo de aperfeiçoar as esquetes de teatro-fórum, sobre as formas de reaproveitar as intervenções da plateia, e finalmente, debateu-se sobre a construção de cenários minimalistas no trabalho do TO.

A capacitação do Grupo não é um evento restrito aos servidores da prefeitura; exemplo disso é a participação esporádica de integrantes dos grupos comunitários. Assim, ao colocar na mesma roda funcionários de vários setores e integrantes de grupos, como Salada Mista (pessoas portadoras de sofrimento psíquico) ou de Agentes Jovens (jovens em situação de risco), amplia-se o grau da vivência teatral pelo compartilhamento e encenação, que vão além das diferenças culturais ou de gênero.

Os integrantes são funcionários concursados, que trabalham em diversos setores da prefeitura de Santo André. No organograma da prefeitura, o GTO esteve ligado à Secretaria de Inclusão

---

9 Fonte IBGE, <http://www.ibge.gov.br>
10 *Grande ABC, Guia Bibliográfico: Localização e Síntese de Conteúdo.*

Social, logo sendo deslocado para o Núcleo de Comunicação, o qual confere às técnicas do to um reconhecimento como veículo de comunicação para construir cidadania, autoestima e inclusão social, mas também como ferramenta eleitoral na possibilidade de ganharem simpatizantes e de multiplicar votos.

A experiência do GTO na prefeitura de Santo André está atrelada à gestão do Partido dos Trabalhadores – PT no governo da cidade, embora evite ver-se identificado como um mero reprodutor da ideologia governista. Em seus subgrupos é incentivada uma postura crítica e conscientizadora, atualizando e articulando as técnicas do to na solução de conflitos de relacionamento, e na busca de alternativas para reverter ciclos de violência e cenas diárias de opressão, o que supõe a busca do entendimento de si mesmo e do outro: "ver-se, ver o outro, e reconhecer o diferente é construir a paz"[11].

O Grupo se espelha na trajetória do CTO-Rio, mas é fruto do contato da cidade industrial do ABC, um centro metalúrgico emblemático para o PT, que soube desenvolver uma linha de trabalho bastante singular. Um dos conflitos grupais do GTO é a quase ausência de espaço para a discussão heurística e a problematização dos resultados do processo de trabalho com as técnicas do Teatro do Oprimido. Isso se pode interpretar como sintoma da demanda populacional que precisa de atendimento, mas também como um resultado da amplitude dos projetos assumidos. Também poder-se-ia entender como certo paternalismo no seio do Grupo, que é carregado pela própria visão partidária petista. As contradições são imperceptíveis no trabalho teatral, mas significativas no tipo de vínculo ou contratos para os artistas colaboradores e para os jovens participantes, que recebem ajuda de custo de diversos programas governamentais. Isso contribui para o reforço de uma hierarquia grupal no GTO, e que carrega, no seu dia a dia, o peso burocrático da prefeitura de Santo André.

Ao libertar-se de suas próprias contradições, o Grupo tem facilitado o *empoderamento* e a autodeterminação, resultando em três gerações de multiplicadores populares formados nos grupos comunitários do ABC. A estratégia consiste em incentivar

---

11 v Conferência Municipal dos Direitos da Criança e do Adolescente em Santo André, Pacto pela Paz, uma Construção Possível (22/07/2003).

a emergência de jovens líderes – agentes, orientadores comunitários e multiplicadores do TO pertencentes aos grupos de teatro populares. E, ao promover a liderança comunitária, dá valor à cultura participativa das comunidades excluídas como parte das políticas de inclusão social. Igualmente, tem erigido pontes entre as políticas públicas e a participação popular, mediante a capacitação de novos multiplicadores aptos a canalizar o uso das técnicas na própria função, ou propor um trabalho inserido nas áreas de saúde pública, educação e desenvolvimento, e segurança comunitária.

A estrada percorrida pelo GTO compreende uma vocação para a multiplicação das técnicas do TO, trabalhando com situações complexas e rejeitando a aplicação instrumentalizada das técnicas teatrais, mas fazendo dessas técnicas uma alternativa para refletir o lugar da cidadania, a massificação hegemônica da mídia e contribuir para a democratização cultural através da formação e difusão de grupos populares.

Além disso, o Grupo realizou dois Encontros Nacionais de Teatro do Oprimido; o 1º Seminário Teatro e Transformação Social (2003); seminários de Curingas; programou Maratonas de Teatro Fórum (2002-2006), visando facilitar a troca de experiências entre grupos, entidades e ativistas do TO. O Grupo também participa de eventos antiglobalização no Canadá, Itália, Cuba e Portugal, seja representando uma opção frente à política neoliberal, seja tentando consolidar uma cultura global de resistência.

Paralelamente ao trabalho do Teatro do Oprimido, o GTO tem aplicado um roteiro de ações estratégicas, ou seja, ele tem investido em técnicas de moderação de grupos, mapeamento e diagnóstico das demandas dos grupos, elaboração e avaliação periódica de planos de trabalho executados, promoção de espaços de integração entre os grupos, e realização de amostras teatrais dos grupos comunitários.

Outros objetivos listados são: estimular a reflexão sobre diversos temas através das técnicas do TO, vincular o trabalho teatral ao processo de discussão da prefeitura e consolidar o GTO como um marco de referência de participação popular para a população e para a prefeitura. O trabalho do Grupo quer também sensibilizar e mobilizar a população, consolidando o seu fazer teatral independentemente da gestão.

No caso do GTO, a aplicação das técnicas faz parte de uma experiência de gestão de governo, que lhes tem permitido ampliar a comunicação participativa, transformando a problematização das opressões sociais numa experiência pioneira para a democratização da atividade política através do teatro.

O GTO subdivide-se em diversos grupos comunitários, alguns deles trabalham junto a parcelas específicas da população como idosos, moradores de determinada favela, comunidade negra, agentes da área da saúde, mães da periferia, pessoas portadoras de necessidades especiais e moradores de rua. Uma característica dos grupos comunitários é ter conseguido somar empreendimentos a partir dos projetos iniciais. As iniciativas do Grupo são: Um Passo a Mais, formado por mulheres do bairro Cata Preta, com peças que trabalham o tema da Aids e os preconceitos advindos da desinformação; e Só Depende de Nós, grupo composto por jovens da periferia andreense que, por meio da peça *Vivendo no Brasil*, aborda o tema do preconceito que eles encaram na procura de emprego); outros grupos comunitários são: Pintassilgo Amanhã (da favela do mesmo nome) e Cia. Tempestade de Sonhos (do Centro Comunitário Vila Linda).

Outros projetos estão ligados ao trabalho da prefeitura de Santo André: O Grupo Mãe (Grupo Grito), cujo projeto de capacitação e formação estimula a filiação dos servidores da prefeitura; Ondas da Rua, outra turma composta de servidores municipais que abordou, através de um esquete "Cinco Democráticos Segundos", o tema da opressão feminina no mercado laboral.

Há também grupos que estão ligados a programas do governo: Agente de Ouro, formado por agentes comunitários de saúde da favela Capuava, cujo esquete discute com a população, os preconceitos e a descrença na medicina preventiva – sua peça leva por título *Agente Também é Gente*; Primeiro Comando Teatral, composto por jovens que participaram do programa Agente Jovem –, eles têm realizado diversas viagens pelo Brasil a fim de difundir a peça *Relatos de Origem*, que ilustra a história da viagem de descoberta do Brasil, o encontro com os povos indígenas, sendo logo substituídos por escravos trazidos por navios negreiros da África. Ao final, é mostrado a revolta nos quilombos, numa cena que mistura o trabalho escravo e a dança da capoeira. Intempestivamente, mostram-se cenas do século XXI numa cidade industrial da periferia, daí recorta-se o cenário de uma sala de aula, onde é caracterizada uma situação de discriminação racial.

Os grupos em que trabalham questões de direito minoritários são: Salada Mista, que enfoca o preconceito com os deficientes; Nunca é Tarde, estruturado ao redor dos problemas dos idosos, mostra o lado lúdico da terceira idade, e as atividades que fazem a presença social deles, na peça *Nos Bailes da Vida*; Kizomba, integrado pela assessoria da comunidade negra, procura ganhar a participação dos integrantes do movimento negro para colocar em pauta a questão das reparações e quotas, a peça trabalhada foi *Vencer Livre*.

Outra frente do GTO envolve ações pontuais: Teatro Participativo é um projeto que aglutina grupos populares para debater o orçamento participativo. O elenco aquece a plenária, levantando questões pertinentes ao voto consciente. O trabalho também se estende à formação de delegados e conselheiros do orçamento participativo que são eleitos pela população. Outra iniciativa é o projeto de desfile do bloco carnavalesco Não Oprime que Eu Grito, que acontece no mês de fevereiro no calçadão da rua Coronel Oliveira Lima (uma das mais movimentadas do centro antigo de Santo André). O projeto surgiu em 1997, quando o GTO realizou o Desfile do Orçamento Participativo nos moldes que fazem as escolas de samba, tentando envolver as comunidades; então cada ala temática representava uma reivindicação feita pela população nas plenárias e contemplada na peça de temática orçamentária. O cortejo devia anteceder a apresentação teatral, que foi encenada na Câmara Municipal de Santo André. Os integrantes do Grupo realizaram uma pesquisa temática definindo as imagens de cada ala do desfile junto às comunidades. Assim, os blocos carnavalescos tinham uma ligação entre tradições culturais e novas propostas de participação popular, como um poderoso mecanismo para congregar, no mesmo palco, políticos e cidadãos andreenses. Nos anos subsequentes, o GTO tem implementado oficinas de reciclagem, máscaras e bonecos como uma forma de somar novos elementos ao carnaval de rua.

HEADLINES THEATRE:
NO LIMIAR DA EXPERIMENTAÇÃO

O contato inicial com o Headlines Theatre aconteceu no mês de agosto de 2004, na oficina anual intitulada de Treino Intensivo Anual de Theatre for Living (teatro para a vida). A oficina é facilitada integralmente por David Diamond, curinga com 25 anos de experiência nas técnicas do TO. Período que esteve essencialmente trabalhando teatro-fórum na região da British Columbia, e com comunidades indígenas canadenses localizadas em outras províncias, também tem trabalhado nos EUA, Nova Zelândia, Austrália, Áustria, Itália, Finlândia e Namíbia. O Headlines Theatre produz manuais próprios com versões livres dos exercícios de Boal, também disponibiliza online longos informes sobre projetos do HT em teatro comunitário, além de publicar coletâneas e ensaios sobre seu papel no cenário teatral canadense.

O HT de Vancouver, Canadá, surgiu em 1981, tendo como objetivo principal a produção de espetáculos teatrais com temas comunitários, efetua anualmente oficinas de treinamento dirigidas a professores, artistas, trabalhadores sociais e ativistas interessados na aplicação das técnicas do TO. O Headlines Theatre tem contribuído para a ampliação do conceito de teatro interativo e para o acréscimo de uma nova compreensão das técnicas de teatro-fórum. Entre os muitos prêmios recebidos pelo HT pode-se citar a Medalha da Cruz Vermelha (2004), o Prêmio Artístico ao Meio Ambiente (1996), e Prêmio Jessie Richardson à Inovação Teatral (1989).

O Grupo teve sua estreia teatral apresentando a peça *Buy, Buy Vancouver*, que se baseava na crise de moradia na cidade de Vancouver. Nessa época HT empregava, principalmente, técnicas de *agit-prop* embasadas nas práticas de conscientização de Paulo Freire. Assim, *Buy, buy Vancouver* trocava o roteiro diariamente para incorporar a atualidade noticiosa do assunto. O público alvo dessa peça era integrado por moradores da comunidade carente, ou seja, aquelas pessoas que normalmente

O TO E SEUS ESPELHOS MULTIPLICADORES

não assistem teatro. Desse modo, a peça ganhou um amplo apoio de organizações locais. Em seguida *Buy, Buy Vancouver* foi apresentada na capital do país, Ottawa, mediante um convite para participar de The National All-Sector Conference on Housing. A partir dessa participação foi gravado o vídeo documentário, *Right to Fight,* da videasta Nettie Wild, diretamente inspirado em questões levantadas pela montagem teatral. Esse filme marcaria o início da ligação do HT com os meios de comunicação massiva. O crescente interesse por tecnologia tem-lhe permitido ser uma referência no debate da relação entre o teatro interativo e as mídias eletrônicas.

O trabalho experimental junto à mídia tem-lhes proporcionado uma grande exposição, o que lhes permitiu ser requisitados por organizações comunitárias desejosas de explorar, mediante as técnicas teatrais, certos temas específicos; por exemplo, a peça intitulada *Under the Gun* (Sob a Mira de Fogo) inspirou-se nos protestos antiarmamentistas e no desenvolvimento terceiro mundista. A peça seguinte, *The Enemy Within* (O Inimigo dentro de Si), manifestou-se contra as péssimas políticas públicas, inserindo no programa impresso do espetáculo catorze páginas de documentos. Ainda que o HT aplica-se em muitas das técnicas do *agit-prop*, esse gênero teatral marcou um caminho que trilha no cenário de Vancouver. Esse projeto teatral do HT tem como linha política de participação o ativismo na província da Columbia Britânica.

Quando, em 1984, David Diamond assumiu a direção artística do HT, já tinha recebido treinamento de Augusto Boal em Paris. Depois disso, Diamond procurou atualizar-se pelas técnicas do TO, percorrendo atrás de Boal as cidades de Orvelte, Holanda; Sydney, Nova Escócia; Vancouver, Columbia Britânica; Manitoulin Island, Ontário e Rio de Janeiro. A influência do pensamento de Boal possibilitou ao HT efetuar uma virada de paradigma, passando do fazer teatro para uma comunidade até o fazer teatro a partir das comunidades e com elas.

Realizando o projeto teatral *No' Xya',* em inglês intitulada "our footprints" (as nossas pegadas), uma coprodução do Headlines Theatre e das etnias Gitksan e Wet'suwet'em, povos autóctones da província da Columbia Britânica, esse projeto teve como temática o confronto das ideologias europeias e indígenas.

Ainda existia a motivação dos Gitksan e Wet'suwet'em de levantar um protesto pela posse da terra, e outras disputas culturais e geográficas. Esta produção fez turnê pela Columbia Britânica em 1987, pelo Canadá (1988) e Nova Zelândia (1990).

Para Diamond o papel do curinga consiste em desafiar à plateia comunitária para expressar-se artisticamente, ao mesmo tempo em que consigam mobilizar sua comunidade, mediante um modelo teatral feito com personagens críveis. Desse modo, pode ser gerada um tipo de mudança que direcione a plateia ao redor de determinado eixo temático, e que por meio das participações no teatro-fórum possam revitalizar as possibilidades de participação cidadã[12].

O Headlines Theatre tem trazido inovações à visão tradicional do teatro-fórum, em que as pessoas da plateia são solicitadas a substituir a personagem oprimida e a intentar quebrar a opressão ou solucionar esse problema. Nos foros do HT a plateia é convidada para substituir uma personagem que eles entendam estar engajada numa luta sobre o tema pesquisado pela oficina. Consequentemente, qualquer plateia pode propor uma mudança na peça a partir de algum personagem, com a condição que ele/ela faça parte do assunto em questão, i.e: oferecer segurança em cena, criar uma família mais saudável, ou gerar respeito para o personagem apontado pelo curinga.

Um dos princípios de trabalho do HT é que só aceitam trabalhar com grupos comunitários, quando os sujeitos sejam conscientes da transcendência do projeto e tenham participado do convite para montar uma oficina de teatro. Para eles, uma classificação de comunidades pode incluir: sindicatos, centros feministas, povos autóctones, grupos pacifistas, promotores culturais, detentos carcerários, refugiados políticos, associações de combate ao alcoolismo e drogas e programas de escolas distritais.

Assim, após entrar em contato com as comunidades, o HT constrói uma história coletiva pela linguagem simbólica do teatro. A cada passo subsequente durante a oficina procura-se aprofundar o espaço para o diálogo. As oficinas não são apenas direcionadas para a descoberta de novas lideranças comunitá-

---

12 Cf. In this Moment, the Evolution for the Theatre for Living, *Canadian Theatre Review*, n. 117, p. 3.

rias, pois o HT quer facilitar as técnicas num nível consensual nas organizações de base, fazendo com que as pessoas sintam-se prontas para doar-se.

Na base da proposta teórica do HT, e como contribuição teórica ao sistema do TO, foi desenvolvida a metodologia denominada de Power Play, a qual entende as comunidades como organismos vivos. Nessa perspectiva sistêmica, uma comunidade pode se reunir para se comunicar através do teatro, encarado como uma linguagem primordial que se faz acessível à vida dessas pessoas. Ou seja, comunicar pelo teatro implica criar consciência de que o compromisso não é pelo caso particular, mas o de querer explorar a história viva de uma comunidade.

Outra contribuição do HT consiste na sistematização de uma metodologia denominada como Theatre for Living (1999) – uma mistura de vários componentes do sistema do Teatro do Oprimido como o teatro imagem, o arco-íris do desejo, as técnicas do tira na cabeça, e o denominado Power Play. O referido "jogo de poder" (*power play*) é uma adaptação das técnicas do TO, que visa desenvolver em uma semana de oficina cenas curtas sobre temas referidos às vidas dos participantes, para posteriormente serem apresentadas num formato de teatro-fórum[13].

Segundo o Centro, a adaptação das técnicas do TO vai além de uma mudança na terminologia, uma vez que o HT, a partir da teoria de sistemas confronta os protocolos do teatro-fórum onde os participantes são convidados a atacar um opressor e, às vezes, se vêem compelidos a reproduzir formas teatrais. Assim, no lugar de convidar as pessoas para substituir o oprimido, o HT faz perguntas para o público para ajudá-lo, até achar aquele argumento que eles estavam procurando.

O Headlines Theater é pioneiro no uso de novas tecnologias, pela emissão de teatro-fórum através da televisão comunitária, administrada por voluntários e sem comerciais publicitários. A primeira experiência de transmissão ao vivo foi *Sanctuary* (1989), a partir de um salão da comunidade, pois

---

13 Cf. D. Diamond, *Theatre for Living, the Art and Science of Community-Based Dialogue*, p. 35.

se acreditava que o estúdio poderia intimidar tanto o elenco quanto o público; utilizando-se um sistema de televisão móvel e linhas abertas de telefone, para que telespectadores possam fazer intervenções através de atores-filtros. Anos mais tarde, o HT colocou uma peça de teatro-fórum *on-line* (2000), adotando um princípio similar ao ator-*web*. Pronto para ocupar o lugar de quem está em linha, efetuam-se uma série de perguntas que possibilitem ajudar a compreender as intenções da outra pessoa na linha: "De onde você está ligando? Qual é seu nome e sua idade? Em que ponto da peça você quer falar 'para!'? Qual personagem você gostaria de substituir? O que você quer fazer? Por quê? O que você espera conseguir com isso? De que você sente receio?" Todas as perguntas são focadas na perspectiva da personagem a ser substituída. Nessas transmissões de teatro-fórum do HT pela Internet a audiência máxima conseguida tem sido na faixa das 25 mil pessoas.

Um exemplo dessas peças com temática antiglobalização são *Squeegee* (1999) e *Corporate U* (2000), que são transmitidas de modo simultâneo pela televisão e pela internet. Quando o HT lança seus ataques às grandes corporações, ele opta por difundi-los através dos canais da mídia global, que se explica como uma apropriação das mesmas armas da globalização e/ou como uma forma de fazer mais letal o ataque. Nesses esquetes do teatro-fórum, as pequenas comunidades de ativistas têm conseguido expressar-se em torno aos acordos do comércio internacional, uma vez que a globalização cerceia a vontade e a autoestima das pessoas. As produções do HT procuram reverter essas circunstâncias, ampliando o diálogo entre as comunidades, fazendo com que as pessoas aceitem discutir pseudo noções de multiculturalismo.

No ano de 1992, a ONU patrocinou um projeto teatral do HT abordando o tema da violência familiar *Out of Silence* (1991). Uma condição para o patrocínio foi o cuidado do sigilo das identidades, embora fosse mostrado em cena alguém sendo abusado. Na peça o personagem era caracterizado como um ser humano precisando de tratamento e não como um criminal. Geralmente, o HT distingue entre encenar ações utópicas ou ações que mostrem estereótipos, uma vez que nessas produções explorar o lado oprimido do opressor significa obter uma imagem mais próxima da vida quotidiana.

O Centro adapta os conceitos do TO ao contexto da cultura canadense e dos grupos étnicos chamados de Primeiras Nações (First Nations). A maior dessas mudanças do HT consiste em afastar-se da dicotomia de opressores e oprimidos tão característicos nas produções de outras companhias de TO. Na América Latina o conceito de "opressão" reforça as identidades a partir de formas de resistência, e na América do Norte, quando as pessoas escutam tal palavra, elas tendem a relacioná-las com formas de vitimização.

Anualmente, o Centro realiza uma montagem, nela o *casting* é uma das fases da pré-produção, envolvendo um longo processo de captação de recursos e de fundos vindos de doações. O HT acredita que parte da filosofia libertária e do trabalho de *empoderamento*, aplicável à produção do teatro-fórum, supõe não explorar os participantes do elenco, uma vez que morando numa sociedade capitalista os membros de comunidades carentes precisam de dinheiro, e na visão do HT mesmo para realizar seu próprio empoderamento essas pessoas precisariam ser pagas. O Centro impõe certos protocolos no seu trabalho, por exemplo, antes do início das oficinas o diretor, junto a um líder comunitário, entrevista diversas pessoas interessadas, usualmente abrem-se vagas numa oficina para aproximadamente vinte participantes. Todo aquele que deseja participar é aceito sempre que possa preencher os quesitos básicos do trabalho, ou seja, quem estiver a fim de participar tem que desempenhar algum trabalho básico de improvisação, e um desejo de atuar. A decisão referida à escalação do elenco é feita antes do início da oficina, pois é um princípio deles o de não transformar o espaço cênico num teste de elenco, o que poderia transformar as dinâmicas numa perigosa competição.

A montagem anual inicia-se com uma semana de trabalho na metodologia do Theatre for Living, tendo como objetivo a coleta de materiais para a peça. Nessa primeira semana evita-se focar a história individual de qualquer participante, ou seja, deve-se atingir entre os participantes da oficina um clima de doação de histórias que sejam o espelho de uma comunidade viva. Após essa primeira fase, o elenco terá mais três semanas para criar uma peça de vinte minutos, conduzindo a duas horas de teatro-fórum.

O trabalho nas comunidades do HT tem conseguido multiplicar novos grupos que querem continuar fazendo teatro. Esse é o caso de Street Spirits, que fica na comunidade de Prince George, BC. Também as oficinas anuais realizadas no East Vancouver funcionam como uma rede de contatos, onde pessoas interessadas na metodologia do TO, podem arranjar novas parcerias (pela vantagem de iniciar-se espelhando-se no trabalho do outro) e constituem um ponto de partida para o crescimento do teatro popular no hemisfério norte.

3. Corpus Ludis,
Comandos e Protocolos

Neste capítulo apresentam-se os dados coletados nas atividades de pesquisa de campo junto aos centros multiplicadores das técnicas do TO e durante as oficinas de capacitação de curingas. A exposição dos resultados segue uma transcrição fidedigna das oficinas, nesse sentido, a edição dos textos transcritos auxilia numa leitura comparativa das diversas versões de variantes dos jogos. As categorias interpretativas foram estabelecidas a partir de variantes nos comandos dos jogos e dos protocolos, elaborados pelos curingas na condução das peças de teatro-fórum. Posteriormente, analisa-se o discurso do curinga durante a apresentação do teatro-fórum, focalizando os componentes estilísticos nas falas desse mestre de cerimônias.

Johan Huizinga defende a tese de que o jogo é o elemento central da atividade humana. Para esse autor a trama cênica é ulterior ao jogo teatral, como se pode depreender através da evolução do ritual sagrado na tragédia grega[1].

Na metodologia do Teatro do Oprimido, os participante são vistos como atores/jogadores. O envolvimento nas oficinas reduz as chances de inatividade, inclusive o lugar de alunos-ouvintes. O

---

1 *Homo Ludens*, p. 159

próprio conceito de curinga supõe, por definição, um jogador versátil, mas alguns curingas preferem especializar-se na facilitação de um repertório fixo de jogos, os quais são realizados de forma magistral. Geralmente, por ter maior experiência jogando, o curinga é quem concebe a duração e o uso espacial do exercício, ele também coordena as variações lúdicas, devendo saber dirimir conflitos entre os participantes, com relação a qualquer regra não previamente exposta, mesmo quando a resposta seja "não sei".

No livro *Teatro Legislativo* que leva por subtítulo *Versão Beta* (1996), Boal oferece uma proposta de intervenção para ser aperfeiçoada pelo esforço colaborativo, tal qual acontece com os programas desenvolvidos por tecnologia em rede. Muitas inovações puderam ser percebidas no Festel-RJ (2005), por meio de propostas apresentadas por grupos comunitários do CTO, os quais fazem parte do projeto de estética do oprimido. Eles participaram em números musicais e leitura de poemas nos intervalos das peças de teatro-fórum, e com a participação de "festelitos e festeletes" – animadores de plateia incentivando a escrita de novas propostas de lei foram algumas dessas inovações.

Outro componente metodológico, presente no livro *Arco-Iris do Desejo*, consiste no recurso dos "modos", que é uma técnica auxiliar que permite mudar o foco na execução de qualquer exercício. Os modos revelariam certas estratégias para atingir necessidades específicas do grupo e dos potenciais multiplicadores, flexibilizando qualquer visão estagnada das técnicas pela sua forma impressa. Como assinala Boal, ele se viu mais de uma vez refutado por participantes de oficinas por não facilitar os jogos da forma exposta nos livros. Para ele, esse procedimento objetiva incentivar as pessoas a perder o medo de arriscar-se nos terrenos do desconhecido e de reinventar o já conhecido.

Essa maieútica, inspirada em uma dialética negativa, pode ser testemunhada numa conferência proferida por Boal, durante um evento de encerramento do projeto de Direitos Humanos em Cena[2]. Nessa circunstância, Boal soube desmistificar

2 Arquivo do Estado, SP, julho de 2005.

o princípio de autoridade que acompanha suas intervenções, explicando para a plateia, que tinha tido sérios problemas com seu computador. E só havia conseguido imprimir uma cópia da palestra, muito em cima da hora e, ao reler o redigido alguns dias antes, deparou-se num parágrafo com uma ideia mal desenvolvida. Ele encorajava os assistentes a contribuir para esclarecer os conceitos após a leitura do texto. A palestra abordou incontestavelmente o tema da educação e a criança, embora o efeito conseguido antes da leitura tiver mudado o ato da escuta, pois os ouvintes, procurando pelo erro, conseguiram visualizar além da passividade. Assim, o próprio Boal, ao colocar-se como vítima da tecnologia, fez da plateia parceiros do texto.

O jogo teatral do TO aplica um princípio de descoberta situado numa crítica ao sistema capitalista, incluindo seu estágio globalizador da economia. A proposta procura contrapor e desmecanizar o homem-sujeito aos efeitos nocivos dessa estrutura hegemônica de produção. Nesse âmbito, as técnicas lúdicas do teatro-imagem compõem-se de cinco categorias: "sentir tudo o que se toca", "escutar tudo o que se ouve", "ativando os vários sentidos", "ver tudo o que se olha", e "a memória dos sentidos"[3].

A troca cultural é um elemento importante no desenvolvimento do arsenal de técnicas. O conjunto de jogos e exercícios abrangem um périplo transcontinental, iniciado pela cultura popular latino-americana como o proposto no livro *Duzentos Jogos e Exercícios para Atores e Não Atores com Vontade de Dizer Algo através do Teatro*, o qual se amplia geográfica e ludicamente no livro *Jogos para Atores e Não Atores* para mais de mil jogos. As múltiplas fontes citadas nos jogos incluem desde referência à cultura clássica ocidental, com referência à obra de Magritte, Breughel, até os jogos nascidos em oficinas ocorridas em pontos muito distantes, como Estrasburgo, Bradford, Hanover, Quebec, Amsterdã, Poitiers, Toronto etc.

Também são incluídos certos jogos que ainda estão sendo processados[4] como é o caso de: Imagem do Não-Dito; Imagem da Ausência; Imagem Múltipla do Outro; e a Imagem da Escolha.

---

3 A. Boal, *Jogo para Atores e Não Atores*, p. 89.
4 Idem, p. 282.

Além das "Técnicas no Estaleiro" (já publicados como dinâmicas em processo), foi possível ter acesso a outros exercícios, em fase de testes, mostrados na oficina de multiplicadores do CTO em 2004, sendo eles: "A Dança do Trabalho"; "A Imagem Sinestésica", "Imagem do Poema". Também foram apresentados jogos recolhidos pelos curingas nas suas viagens: Mosquito Africano, Nome do Destino, Jana Cabana etc.

O JOGO PENTAFÔNICO

Os jogos selecionados correspondem a versões de variantes das técnicas do TO, os quais tinham sido facilitados nos quatro centros pesquisados e, além disso, incluíam uma variante ostensiva sobre o jogo modelo.

A reprodução e o acúmulo de um repertório de variantes e versões das técnicas do TO são um fator transcendente na formação de um facilitador das técnicas. É conveniente assinalar que, embora se tenha destacado um grupo de jogos para análise posterior, muitos outros poderiam ter sido incluídos, mas esses foram facilitados durante a fase de coleta de dados, pelo qual se pode intuir que o presente capítulo é o mais suscetível de captar o percurso da pesquisa de campo.

As oficinas dos centros pesquisados seguem a mesma metodologia de intervenção, por isso é possível analisar fragmentos dessas técnicas. Há inúmeros jogos e exercícios não analisados, mas que são significativos no estudo pontual de uma das etapas da construção de uma história coletiva de teatro-fórum. Essas dinâmicas incluem: o reconhecimento grupal; a geração e o gerenciamento de debates em grupo; a indução de conceitos, i.e: dinamização; dramaturgia etc; a criação de personagens e a técnica de ensaio para preparação do fórum.

Na pesquisa pode-se constatar a presença de versões de variantes, que abrangem a conta de um processo de apropriação do exercício, no qual o grupo recompõe o jogo pelas próprias buscas. Os cinco jogos analisados são: "Batizado Mineiro ou Jogo do Nome"; "Círculo de Nós"; "Completar a Imagem"; "Máquina de Ritmos"; e "Hipnotismo Colombiano".

Batizado Mineiro

Boal apresenta o jogo como indispensável para novos grupos ou no início de uma nova oficina de TO.

Atores em círculo; cada um em sequência dá dois passos à frente, diz seu nome, diz uma palavra que comece com a primeira letra do seu nome e que corresponda a uma característica que possui ou crê possuir, fazendo um movimento rítmico que corresponda a essa palavra. Os demais atores repetem duas vezes: nome, palavra e movimento. Quando já tiveram passado todos, o primeiro volta, mas agora numa posição neutra, e são os demais que devem se lembrar da palavra, nome e gesto[5].

Em países de língua inglesa é intitulado como "o jogo do nome" (*name game*). Inicialmente, no Toplab (2000) a dinâmica pode ser atenuada de acordo ao nível do grupo: a. os participantes em círculo permanecem na mesma posição e falam seu nome; b. um por um por dá um passo a frente (repete duas vezes); c. ir ao centro e repetir quatro vezes (para cada lado: norte, sul, leste e oeste). A primeira forma do jogo é a mais simples e a última pode ser constrangedora para participantes tidos como inexperientes.

5 Idem, p. 143.

Já no GTO (2003) emprega-se o "batizado" (a forma mais direta), o participante fala no meio do círculo duas vezes seu nome e um adjetivo. Na segunda parte todos se direcionam ao centro e o grupo repete o gesto. Às vezes, o curinga interrompe e orienta para que o participante corrija a sua intenção, sendo alguns participantes orientados não só a projetar na roda seu corpo, mas também a preencher a falta de clima emocional.

Os curingas do CTO (2004) trabalham o "Batizado Mineiro" tratando-se da imagem acústica do nome, sendo possível arranjar uma melodia com o próprio nome. Numa outra variante dessa versão solicitou-se uma proposta de jogo, que consiste em procurar o contato com o colega, nessa versão se respeitam ritmo e musicalidade.

As normas do jogo são essenciais para a fluidez do mesmo; os curingas tentam convencer aos participantes que o som produzido pelos exercícios não precisa ser agradável ou de que não se precisa mudar o som no meio do caminho. Sendo um dos primeiros jogos numa oficina, essa dinâmica funciona como um teste do ânimo coletivo. Comumente, o batizado é antecedido pelos jogos "bons-dias", e "o que mais gosto e o que menos gosto"[6].

Círculo de Nós

Boal apresenta o jogo que é precedido pelo exercício de preparação dos atores-jogadores de mãos dadas explorando a maior e a menor circunferência possível:

6 Idem, p. 118.

Refaz-se o círculo, todos de mãos dadas; não se pode mudar a maneira de dar as mãos durante todo o exercício. Um dos atores começa a andar, puxando os outros (sempre lentamente, sem violência, com leveza) e passando por cima e por baixo das mãos dos companheiros à sua frente, de maneira a fazer um nó; em seguida, um segundo ator faz o mesmo, formando um outro nó, depois um outro, e outros dois ou três, ao mesmo tempo, por cima e por baixo, até que todos façam todos os nós possíveis e que ninguém possa mais se mexer. Muito lentamente, sem violência, em silêncio, eles tentarão voltar à posição original.[7]

Boal propõe algumas outras variantes, como colocar aos participantes de olhos vendados, mas redobrando os cuidados e a lentidão dos movimentos, para compensar o grau mais alto de dificuldade no exercício, a composição grupal em círculo pode ser trocada pela linha.

No Toplab o jogo do "círculo de nós" é iniciado pelos participantes de mãos dadas, deixando-se levar até ficarem travados pelos nós. O grupo forma um círculo aberto, explorando os próprios limites, desse modo, qualquer um pode ficar mais perto ou afastar-se.

Já no GTO, o curinga inicia o exercício perguntando: "qual é a mão direita?" "quero ver todo mundo levantando a mão direita!" "Agora olha quem está a tua esquerda, e a tua direita". Todos os participantes são guiados a decorar quem está lado a lado. Logo os participantes são solicitados a caminhar livremente. Ao comando "congela", todo o grupo detido tenta esticar ao máximo os braços até atingir o par de mãos que tinha no início. Depois disso, o curinga orienta os participantes para que procurem desatar seu "nó", tendo cuidado de não virar, nem soltar as mãos, para não prejudicar o exercício.

No Grupo o círculo é tido como uma dinâmica capaz de tirar um raio-x da desarmonia coletiva. Nesse sentido, o exercício deveria prolongar-se até o grupo achar, sem intromissão externa, a saída para seu conflito. Quando o círculo inicial não pode ser refeito, surgem as perguntas: Será que o facilitador deve desfazer o "nó" por meio de uma ação mágica? ou não seria melhor retomar o exercício num outro momento? Uma fórmula mágica

---

7 Idem, p. 96.

significa que o curinga vai outorgar "um segundo para que certas pessoas soltem e voltem a pegar!" Mas assumindo-se que o círculo de nós é uma metáfora do espírito da equipe, o curinga está na obrigação de ceder sua posição vantajosa em prol do coletivo. Após o exercício, se faz um processamento do acontecido: "O que tem a ver o nó com a nossa vida?"

No Headlines Theatre faz-se outra preparação para o "círculo de nós". Inscreve-se um círculo de pessoas num círculo concêntrico, sendo o círculo menor contornado pelo segundo. A seguir, os participantes levantam os braços e tentam pegar uns nas mãos dos outros e, procurando formar duplas que alternem mãos direitas e esquerdas. O grupo deve resolver o dilema das mãos, sem conversar. As mãos atônitas tentam em vão achar a última peça de um quebra-cabeça. Não no desespero, mas através de movimentos coordenados consegue-se achar uma saída. O HT tem uma lógica relacionada a esse jogo, para ele nos primeiros dias de trabalho, há maiores chances de o grupo não conseguir desatar o "nó". Eles também procuram ligar o jogo como uma metáfora do trabalho comunitário e terem os objetivos travados no intento. Outra metáfora refere-se à dinâmica da esquerda versus à direita, quando uns empurram os outros, e ninguém consegue ir para frente.

Completar a Imagem

Boal introduz o jogo da seguinte forma:

> Dois atores cumprimentam-se, apertando-se as mãos. Congela-se a imagem. Pede-se ao grupo que diga os possíveis significados que

a imagem pode ter: é um encontro de negócios, amantes partindo para sempre, um negociante de drogas etc? Várias possibilidades são exploradas. As imagens são polissêmicas, e os seus significados dependem não só delas mesmas, mas dos observadores. [...] Um dos atores da dupla sai, e o diretor pergunta ao público sobre os significados possíveis da imagem que resta, agora solitária. O diretor convida um ator a entrar na imagem em uma outra posição – o primeiro continua imóvel –, dando-lhe um outro significado. Depois, sai o primeiro ator e um quarto entra na imagem, sempre saindo um, ficando o outro, entrando o seguinte [...]. Depois desta demonstração, todos se juntam em pares e começam com uma imagem de um aperto de mãos. Um parceiro se retira da imagem, deixando o outro com sua mão estendida. Agora, em vez de dizer o que pensa que esta nova imagem significa, o parceiro que saiu retorna e completa a imagem, mostrando o que vê como um possível significado seu; coloca-se numa posição diferente, com uma relação diferente com o parceiro que está com a mão estendida, mudando o significado da imagem [...] Então, o segundo parceiro sai desta nova imagem, observa e, depois, reentra na imagem e a completa, mudando o significado outra vez. E assim por diante, um parceiro de cada vez, estabelecendo um diálogo de imagens. Como os exercícios de modelagem, os atores devem pensar com seus corpos. Não importa que o que o ator escolheu para completar a imagem não tenha um significado literal – o importante é deixar o jogo correr e as ideias fluírem[8].

Boal ainda trabalha outras variantes, tais como adicionar um ou mais objetos no jogo – uma cadeira, por exemplo, ou duas –, e os atores podem movê-los, desde que, com isso, a imagem do participante não seja deslocada. Ele propõe também uma variante, pedindo aos participantes para interpretar diversos personagens de uma peça de teatro, na qual eles têm que tentar adivinhar quem o outro está representando[9].

No Toplab o "completar a imagem" é tido como um exercício base do repertório das técnicas do Teatro do Oprimido, ele define-se como uma transação de imagens, uma comunicação com o corpo inteiro (ainda que para certos grupos o toque seja tabu). O facilitador convida dois voluntários para dar um simples aperto de mão e congelar, explicando que se trata de um gesto universal. Ele propõe que para qualquer movimento que seja feito o outro deve completá-lo. Depois disso diz, "Congela!"; faz desmanchar um

8 Idem, p. 187.
9 Idem, ibidem.

dos participantes e pergunta para a plateia: O que liga esses corpos ainda que estes estejam separados? Os participantes fazem livre associações de imagens congeladas. Em certo momento, o facilitador solicita a troca de participantes, a seguir, remaneja o grupos formando trios e finalmente quartetos.

Outra configuração do exercício consiste em dividir os participantes em dois grupos uma fila em frente da outra (alternadamente sai um ou outro integrante de cada grupo). Após propiciar certo envolvimento grupal, solicita-se aos participantes que procurem contar uma história. Por vezes, o facilitador paralisa as imagens para que todos consigam olhar o que estão sendo representadas. Os participantes podem incrementar sua leitura ao se movimentarem entre os corpos esculpidos.

No GTO a versão de "completar a imagem" aconteceu após o exercício habitual, solicitando-se aos participantes para trabalhar uma história específica sugerida. O exercício tem início com três pessoas, e logo são chamadas todas as pessoas para o exercício. No final da improvisação, cada participante conta ao grupo que tipo de história vivenciou.

Também no CTO, solicita-se que dois voluntários apertem as mãos. Logo o facilitador pede que estabeleçam um diálogo a partir das imagens. Logo após comporem duplas e trios, o curinga propõe que a última pessoa que se mexeu troque de grupo. Outra variante consiste em se poder solicitar que ao final a imagem seja musicalizada.

No HT o "Completar a Imagem" é feito num grande círculo. Inicialmente, o próprio curinga apresenta as imagens, permitindo aos participantes nomearem tudo aquilo que visualizam, depois é explicado como o excesso de interpretação pode bloquear. Sempre em roda, ele solicita aos participantes que ofereçam suas imagens, logo vai trabalhar na imagem grupalmente em trios e duos, mas a partir do momento em que coloca o tema da oficina "justiça social" (*own shape of struggling doing social justice work*), começa a somar participantes na imagem; eles podem usar todo o espaço, mas desde que permaneçam como estatuas. Quando todos os participantes tiverem ingressado na área de jogo, é solicitado às pessoas que olhem ao redor as imagens formadas, especialmente porque as primeiras pessoas que se juntaram na imagem não têm noção do que foi formado. Finalmente, é utilizada a técnica do monólogo interior, frases que sejam formuladas com a seguinte estrutura "eu preciso…", "eu gostaria…", ou "eu acho…".

Hipnotismo Colombiano

O jogo é descrito por Boal da seguinte forma:

Um ator põe a mão a poucos centímetros do rosto do outro; este, como hipnotizado, deve manter o rosto sempre à mesma distância da mão do hipnotizador, os dedos e os cabelos, o queixo e o pulso. O líder inicia uma série de movimentos com as mãos, retos e circulares, para cima e para baixo, para os lados, fazendo com que o companheiro execute com o corpo todas as estruturas musculares possíveis, a fim de se equilibrar e manter a mesma distância entre o rosto e a mão. A mão hipnotizada pode mudar, para fazer, por exemplo, com que o ator hipnotizado seja forçado a passar entre as pernas do hipnotizador. As mãos do hipnotizador não devem jamais fazer movimentos muito rápidos que não possam ser seguidos. O hipnotizador deve ajudar seu parceiro a assumir todas as posições ridículas, grotescas, não usuais: são precisamente estas que ajudam o ator a ativar estruturas musculares pouco usadas e a sentir melhor as mais usuais. O ator vai utilizar certos músculos esquecidos do seu corpo. Depois de uns minutos, troca-se de hipnotizador e hipnotizado. Alguns minutos mais, os dois atores se hipnotizam um ao outro: ambos estendem sua mão direita, e ambos obedecem à mão um do outro[10].

10 Idem, p. 91.

Há outras duas variantes do jogo usadas consecutivamente: o hipnotismo em trios e o transe hipnótico coletivo, partindo do mesmo ator-eixo[11], porém há uma variante jamais praticada pelos grupos que supõe o hipnotismo em quintetos usando mãos e pés.

Dependendo das características do grupo, no Toplab, torna-se necessário explicar aos participantes que o exercício não é um número de magia, senão uma forma de doação e confiança. Outra salvaguarda é dada no momento de executar o exercício entre três pessoas. O líder hipnotizador é lembrado que não pode dar maior atenção a uma das mãos do que à outra, pois ele é responsável pelas duas pessoas. Encerrando a dinâmica o facilitador pergunta: "O que significou um maior desafio, conduzir ou seguir uma mão?" A resposta dos participantes denota que o exercício feito desprevenidamente pode produzir um clima de desconforto e desconsideração.

Também no Toplab foram experimentadas outras duas formas de hipnotismo. Numa variante, os participantes, em círculo, hipnotizam pela mão direita e são hipnotizados pelo lado esquerdo. Outra formação de hipnotismo consiste em iniciar num trio, e subitamente deixar que os hipnotizados também hipnotizem outros participantes – a imagem resultante do exercício tem a forma de uma árvore de múltiplos hipnotizadores e hipnotizados.

No GTO, durante o exercício, o curinga focaliza, em suas recomendações, no hipnotizador, reforçando o fato de que ele precisa perceber as dificuldades do colega. Assim, é sancionado o movimento brusco e se estimula a exploração máxima dos movimentos lentos.

No HT trabalha-se com uma variante que imita a forma de uma árvore de hipnotizadores-hipnotizados, a qual é explorada depois que as duplas tiverem trabalhado o modo normal do exercício. O curinga explica que no momento em que ele mandar os hipnotizadores estes devem escolher ser hipnotizados por qualquer parte do corpo do vizinho mais próximo. O produto dessa variante do jogo é uma rede de corpos, onde um parceiro é guiado uma parte de corpo aleatória de um parceiro igualmente fortuito.

---

11 Idem, p. 92.

Máquina de Ritmos

A orientação de Boal para esse exercício é a seguinte:

Um ator vai até o centro e imagina que é uma peça de uma engrenagem de uma máquina complexa. Faz um movimento rítmico com seu corpo e, ao mesmo tempo, o som que essa peça da máquina deve produzir. Os outros atores prestam atenção, em círculo, ao redor da máquina. Um segundo ator se levanta e, com seu próprio corpo, acrescenta uma segunda peça à engrenagem dessa máquina, com outro som e outro movimento que sejam complementares e não idênticos. Um terceiro ator faz o mesmo, e quarto, até que todo grupo esteja integrado em uma mesma máquina, múltipla, complexa, harmônica. Quando todos estiverem integrados na máquina, o diretor diz ao primeiro ator para acelerar o ritmo – todos devem tentar seguir essa mudança no andamento. Quando a máquina estiver próxima à explosão, o diretor determina que o primeiro ator diminua o ritmo até que todas as pessoas terminem juntas o exercício[12].

Boal também propõe variantes temáticas como: máquina do amor e do ódio, a máquina das regiões e nacionalidades, e outras máquinas que possam desvelar a ideologia do grupo.

No Toplab faz-se um círculo de reflexão antes do exercício, para trabalhar pelo consenso o que será representado para gerar temas de máquinas: medos, desejos, vítimas etc. Coloca-se a

---
12 Idem, p. 130

necessidade de não resgatar só as emoções negativas. Senão, ampliar o foco no cotidiano das pessoas e os modos de integração comunitária. O facilitador coloca uma limitação no próprio conceito de "máquina", pois conota partes móveis sob certo princípio alienante fazendo-se necessário esclarecer aos participantes que o exercício incentiva que os seus corpos se tornem ativos através de ritmos e movimentos pessoais. Outra ressalva considera que as técnicas do TO podem incentivar o lado opressor, embora a proposta seja conscientizar o oprimido, por exemplo, favorecendo um clima competitivo ou um excesso de histrionismo.

O CTO inicia pela pergunta: "O que é uma máquina?" Posteriormente, é explicado que a primeira máquina só produz ritmo, no entanto, as próximas máquinas, do amor e do ódio, devem trabalhar o som e o movimento. O curinga incentiva a participação evitando propor imperativamente, i.e: "mais trinta segundos e suas chances de ser parte da máquina estão-se acabando". As tradicionais máquinas são combinadas junto das máquinas mais incomuns: os forasteiros no Rio de Janeiro, curingas do TO, último dia da oficina etc.

No CTO, tem-se debatido a dinâmica das "máquinas" e como ir além da simples representação caricatural, pois nem sempre os participantes estão conscientes de que sua interpretação redunda em clichês. Uma variante com relação à mencionada polêmica consiste em interromper a "máquina", para depois analisar, peça por peça, o que cada participante está propondo. Assim, distanciando-os da "máquina", seja pela observação ou pelo ritmo, aos participantes podem racionalizar a emoção e o processo.

ESTILO(S) DO CURINGA

Boal sistematizou preponderantemente os problemas concernentes à performance no teatro-fórum e às particularidades dos curingas, em dois ensaios: "Teatro-Fórum: Dúvidas e Certezas, Vinte Temas Fundamentais"[13] e mais tarde, "Cartilha não Catecismo, Sugestões Úteis"[14].

---

13 *Stop: C'est Magique!*, p.139.
14 *O Teatro como Arte Marcial*, p.183.

No primeiro texto, Boal estabelece uma praxiologia para os componentes interativos do teatro-fórum, incluindo uma distinção dos seus principais modelos, sendo para ele o "estilo" uma corporificação ritualística, obtida através das técnicas do TO[15], assim situam-se principalmente: o realismo seletivo, o qual se origina na primeira formulação do conflito grupal e pode ser tido como o mais *agit-prop* e anti-ilusionista na sua representação; o extrapolado, que engatilha o conflito originário a outras formas de rituais com maior riqueza visual e o metafórico, que trata do ritual kitsch, miscigenado ou antropofágico. Igualmente, Boal refere-se à performance do curinga: mostrando os pré-requisitos para uma afirmativa dialogicidade; oferecendo pistas que possam distinguir o *raconto* teatral e a chamada intervenção "mágica" no teatro-fórum, pois aquele último é tido como expressão de um provável diletantismo e finalmente, outorgando salvaguardas sobre a importância da presença física do curinga durante as apresentações de teatro-fórum.

Já no segundo texto, as reflexões foram inspiradas pelas aplicações de projetos mais recentes do TO, como é o caso do teatro nas prisões e da formulação da estética do Teatro do Oprimido. Novamente, Boal problematiza a postura maieútica do curinga, no entanto, desta vez levantou questionamentos sobre os limites de sua participação e sobre certas atitudes que podem desestruturar a plateia. Além disso, ele conceitua dois tipos de posturas negativas – chamadas "bundão" e "paredão"–, que oscilam entre atitudes pessoais de inércia e/ou intransigência, e constituem comportamentos nocivos ao espírito democrático do teatro-fórum[16].

Nas oficinas de multiplicadores do TO mostra-se um protocolo seguido pela maioria de curingas, e que envolve a consecução dos seguintes passos: 1. breve apresentação da história e dos objetivos do TO; 2. exposição das características do trabalho comunitário e da criação coletivo em questão; 3. explicação das regras do teatro-fórum; 4. aquecimento da plateia, seguido pela encenação do antimodelo de teatro-fórum.

---

15 *Stop: C'est Magique!*, p. 143.
16 *O Teatro como Arte Marcial*, p. 193.

Geralmente, no início da sessão de teatro-fórum, o curinga sobe no palco com todo o elenco e seus convidados para realizar o aquecimento. Mas antes disso, explica para a plateia, brevemente, o significado do TO e em que consiste o teatro-fórum, o nome e histórico do grupo, e qual será o tema que tem sido explorado como peça de teatro-fórum e que tangencialmente se situa no cotidiano dessa plateia.

Na prática, a performance do curinga apoia-se no improviso na ordem e na sequência do discurso, possibilitando um maior espaço para que ele/ela e o grupo possam manifestar-se num registro grupal mais próprio. Por exemplo, alguns grupos disfarçam com fantasias seus curingas de acordo com a temática da peça, outros colocam curingas assistentes entre as pessoas do público para aquecer o ambiente. Também existe a figura do curinga convidado, uma personalidade no meio do TO, que pode auxiliar um curinga que está supervisionado na sua instrução. O curinga mais experiente pode auxiliá-lo nas tarefas mais ríspidas como a sucinta apresentação da proposta do TO, o aquecimento da plateia, e principalmente lidar com as intervenções da mesma. De forma ilustrativa, citarei algumas estratégias visualizadas durante a pesquisa de campo.

O aquecimento da plateia tem uma dupla função: pautar politicamente um assunto e induzir a dualidade do "espec-ator", aquele que recebe e reage às propostas do palco. Entre as estratégias que direcionam a ativação do público surgem as seguintes falas de curingas: "Eu disse que não ia falar 'bons-dias', porque vamos nos cumprimentar de uma outra maneira diferente, não solta uma mão até você pegar numa outra". Outro curinga encara, "como o grupo já está aquecido e pronto para entrar em cena, agora vocês concordam em fazer o aquecimento comigo…" Depois disso o curinga coordena o jogo "cruz e círculo", convidando algumas pessoas do público para que exibam suas habilidades no palco. Mas o mesmo jogo é denominado pelo HT como um desenho no ar da "x e o". No Brasil, por tratar-se de um país majoritariamente católico o nome não constrange, porém, em outras regiões do planeta, o nome desse jogo pode avivar o viés religioso.

O aquecimento da plateia mais utilizado é o denominado "cruz e círculo". Outros exemplos de aquecimento são: o curinga feito um objeto-móbil solicita que a plateia aumente o som quando ele ficar mais próximo e que diminua no momento em que ele se afasta; outro exercício denomina-se "os contrários de Jackson", a cada comando – anda/para, baixo/alto, nome/grito – a plateia deve realizar o movimento contrário, mas o curinga os trapaceia, espelhando para eles movimentos errados. Curingas mais talentosos e experientes podem facilitar canções como "sim, não" e "diretor e orquestra" e inclusive vários jogos sucessivos.

Dependendo das circunstâncias, motivar uma plateia comunitária para realizar um aquecimento prévio à representação do teatro-fórum pode ser uma tarefa tão árdua quanto provocar a primeira intervenção da plateia. Geralmente quando as pessoas vão assistir uma peça de teatro, esperam encontrar um espaço físico delimitado, já no teatro-fórum inverte-se a premissa fazendo as pessoas emergirem das sombras da plateia, para logo motivá-las para tentar mudar o futuro no palco. No entanto, a questão do estilo do curinga não se restringe aos princípios de oratória, ou seja, ao uso persuasivo e sedutor da linguagem, senão que potencializa a dimensão "libertária" do curinga, indo além das tradições teatrais, para apoiar-se num paradigma dialógico freireano, o mesmo que opta pela troca de saberes, no qual o curinga deve renunciar ao recurso de autoridade e erudição, para estimular na plateia a formulação de alternativas aos conflitos mostrados pela peça de teatro-fórum.

A maiêutica do curinga, já se inicia na apresentação das regras do jogo, ao urgir da plateia uma recepção crítica que possa contribuir com futuras intervenções. Inclusive ao solicitar infrutuosamente por respostas criativas da plateia, o curinga deve acreditar no recurso do diálogo. Assim, ele tem que dividir os participantes em pequenos grupos de discussão, de onde surgiram supostas intervenções. Nas sessões de teatro-fórum do HT, o curinga lança uma provocação: primeiro, solicita à plateia que fique em pé; depois, ele pede aos participantes que sentirem que o tema tratado não os afeta de alguma forma para sentarem. O protocolo mais usado pelo curinga consiste em informar ao público que o grupo vai representar a peça novamente, e nessa segunda vez quem compreender qual é o conflito na qual a personagem está confrontando-se, e caso essa pessoa tenha uma noção sobre como agir nessa situação, então que fale "para!", e ocupe no palco o lugar daquela personagem que ele/ela consiga entender[17].

Durante o andamento do teatro-fórum o curinga modera a ordem e a quantidade de intervenções, reformulando as perguntas de forma que o que vem acontecendo no palco possa ser esclarecido. Mesmo que a dialogicidade seja o elemento central na função do curinga, é importante que ele consiga administrar o tempo de análise das intervenções dos participantes, posto que o prolongamento da discussão restringe o tempo das intervenções teatrais. Assim, o curinga precisa centrar suas perguntas no participante em cima do palco, i.e.: O que você deseja e como se sente nessa situação como personagem? Por que você reagiu daquela maneira? Além dessas questões básicas, ele modera os comentários da plateia pautando e contabilizando a ordem dos comentários.

Ao mesmo tempo em que o curinga esclarece as intenções de cada uma das intervenções, ele deve garantir que nenhum dos participantes deixe o cenário sentindo-se derrotado, pois há sempre um lado positivo em cada intervenção, mesmo quando é mostrado aquilo que não deveria ser feito. Como Boal assinala, o duvidar é vital na arte do curinga, assim no lugar de dissimular sua confusão, ele precisa abrir o jogo, fazendo perguntas que ajudem a esclarecer o que acontece em cena. Todavia, o curinga precisa auxiliar o grupo a *empoderar-se*, evitando cair na armadilha da sobre-proteção. Por vezes, é difícil distinguir a tênue linha que separa um espaço seguro ao equívoco, de um espaço onde não haja possibilidade para a derrota. O último espaço representa o lugar da sobre-proteção, no qual a verdadeira aprendizagem se faz improvável, pois "proteger os participantes da derrota é protegê-los desrespeitando-os"[18].

No seguinte capítulo, serão mostradas ilustrações que tem sido sistematizadas a partir da performance do curinga e do processo do teatro-fórum nos quatro centros referidos.

---

17 Cf. D. Diamond, In this Moment, the Evolution..., op. cit., p. 75.
18 Idem, p. 80.

4. Curingagem: Modelos e Mediações

No processamento da pesquisa empírica, realizada nas oficinas de TO registraram-se as recorrências temáticas que são expostas no presente capítulo. O processamento comparativo dos relatórios anuais de pesquisa de campo possibilitou resgatar as especificidades culturais de cada centro pesquisado. Embora as análises interpretativas não reúnam elementos de caráter conclusivo, conseguem estabelecer critérios para a exploração qualitativa dos referidos centros pesquisados. Dessa forma, foram agrupadas estas categorias de análise: a relação entre a proposta política e as técnicas do Teatro do Oprimido; a questão da educação estética do oprimido; os moldes de trabalho das oficinas; as mediações da performance do curinga; e algumas peculiaridades linguísticas dos Centros de TO pesquisados.

Essas categorias percorrem a trajetória historiográfica do TO, e vão ao encontro da pesquisa-ação, estando definido como a construção de um saber na militância. A sistematização da experiência em oficinas de capacitação de multiplicadores, a interação junto aos participantes desses centros teatrais de intervenção social e a vivência de dinâmicas foram decisivos na construção das seguintes categorias:

A ESPIRAL HISTÓRICA DO TO

A polêmica em torno do teatro cultural e da cultura de resistência da década de 1960 não precisa ser circunscrita aos debates de uma esquerda *démodée*, pois embora as denominações tenham mudado a cultura contra-hegemônica e o teatro popular contemporâneo, estes ainda confrontam-se com os efeitos do capitalismo imperialista na sua fase mais globalizada, destruidora e desmobilizadora da ação coletiva coordenada e conscientizadora[1].

FIG. 1: *O espiral da cultura e o TO.*

A espiral é desencadeada pelas contradições ideológicas e históricas. As ações ilustradas representam a ação contra-hegemônica no plano do sistema globalizado, ao mesmo tempo, o embate é a fonte de inspiração para o desenvolvimento do TO, tal qual uma energia continua a se reproduzir. Há uma continuidade histórica nas lutas e reivindicações das minorias e dos grupos oprimidos.

Nas oficinas de multiplicadores das técnicas do Teatro do oprimido existe um reflexo dessa continuidade, constatada por uma presença majoritária de líderes de movimentos populares, assistentes sociais, pedagogos, psicólogas, entre outros. As oficinas do GTO, CTO e Toplab congregam numerosos profissionais vinculados à saúde mental. A capacitação no GTO teve a

1 Ver supra, O Teatro Cultural, p. 6-10.

CURINGAGEM: MODELOS E MEDIAÇÕES

presença de aproximadamente uma dúzia de profissionais dedicados ao atendimento de pessoas portadoras de transtorno mental ou deficiência física.

Na década de 1990, quando o Partido dos Trabalhadores (PT) está no governo da prefeitura de Santo André e tem no GTO um dos seus projetos de participação democrática dos cidadãos da região do ABC. Também o Toplab está vinculado à Nova Escola Marxista de Nova York, posicionando-se como uma organização socialista não sectária. A linha anti-imperialista, antibélica e antiglobalização aparece nas ligações do Toplab com a organização o TAW (Theatre Against the War).

Um debate sobre o escopo ético nos projetos tem sido gerenciado pela International Theatre of the Oppressed Organization[2]. Não se trata de um ajuizamento motivado pelos envolvimentos mercantis ou partidários dos grupos de TO, mas sim pela aplicação criteriosa do princípio de multiplicação que está na base da proposta do Teatro do Oprimido. Por exemplo, no caso do Headlines Theatre, sua crítica conceitual ao maniqueísmo, presente na dualidade opressor-oprimido, foi o resultado da adoção do paradigma sistêmico, aplicado tanto na teoria como na forma de lidar com as dinâmicas, produzindo um discurso complexo do tipo "teatro do opressor benevolente". O questionamento teórico-metodológico do HT, advém também das condições de produção dadas pelo cenário político e do estímulo que recebem das ONGs canadenses, que se voltam ao desenvolvimento das nações terceiro-mundistas, divergentemente do Toplab, que se localiza próximo à maior indústria do teatro musical, a Broadway, e reside num Estado onde os empreendimentos em artes não comerciais não recebem incentivos fiscais.

As técnicas do TO servem como ilustração das lutas nos planos molares e moleculares, e na possibilidade de conscientizar através do jogo da existência de espaços análogos de resistência, tanto na promoção da autoestima das populações marginalizadas quanto das ligações de uma alfabetização do militante. Uma técnica que serve para exemplificar é denominada "Cobra de Vidro"[3]; ela refere a lenda de um deus zoomorfo pré-colombiano, que foi fragmentado em cacos pelos

2 Cf. o site <www.theatreoftheoppressed.org>.
3 *Jogo para Atores e Não Atores*, p. 157.

colonizadores, e numa oficina de TO, cumprindo-se um designio mágico, deverá ser reconstituído na sua forma originaria de serpentes (no caso da oficina uma fila de pessoas com os olhos fechados). Segundo a mitologia andina, serpente representa a fertilidade, e durante o jogo os participantes são fragmentos cegos girando espiralados, só resguardados de acidentes pelos curingas. A belíssima metáfora me fez lembrar que nos Andes o nome de "serpente luminosa" foi dado a Tupac Amaru, o último inca, que em 1781, comandou um levante contra a coroa espanhola. Depois de sentenciado foi preso a quatro cavalos e despedaçado. Nunca se soube onde foi enterrado, pois os colonizadores espanhóis sabiam que os índios cultuavam as múmias. O imaginário andino ainda acredita que o corpo do incarri (inca rei), soterrado nas montanhas andinas, tentaria juntar-se para voltar a guiar seu povo para lutar. São esse tipo de imagens de resistência que conseguem conectar passado e presente.

EDUCAÇÃO ESTÉTICA DO OPRIMIDO

Para Boal, a estética do oprimido não coloca como prioridade a validação da proposta artística do TO, nem a reafirmação dos atributos de beleza das encenações de teatro-fórum[4]. Nesse aspecto, a educação estética parte do pressuposto de que um "ente" oprimido é sistematicamente separado dos centros de saber, do aparato de poder e das instâncias de fruição. A consolidação dessa política de "apartação"[5] dos oprimidos, seria dada por aquilo que o geógrafo Milton Santos, nomeia de "fluxos", que deslocam os proletários e pelos "fixos", que circunscrevem esses sujeitos na periferia do centro político e financeiro[6].

Na seguinte ilustração aborda-se o problema da estética da libertação latino-americana, ao delinear a peripécia realizada pelo homem da periferia para inserir-se no universo do

---

4 *A Estética do Oprimido.*
5 O "apartheid" são políticas de segregação racial que impõe barreiras para garantir acesso igualitário à educação, saúde, transporte, segurança etc.
6 *O Espaço do Cidadão*, p. 113.

trabalho, e mostra que a arte do oprimido é essencialmente o reflexo de uma estética do trabalho[7].

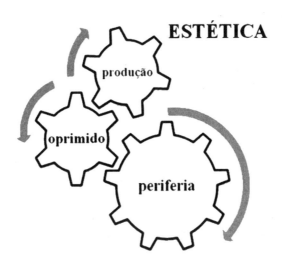

FIG. 2: *O caminho da estética da libertação.*

O regime de trabalho pós-industrial e seu agregado cultural pós-moderno justificam o seu ritmo de expansão pela "atrofia estética" dos sujeitos. O Teatro do Oprimido investe no resgate do sentido primário do termo "esteta" que deriva do grego *aisthetés*, "aquele que sente". Assim, o TO ocupa-se da comunicação estética, ou seja, intenta de diversas maneiras desmistificar a atividade sensorial[8].

A educação estética do oprimido supõe uma crítica ao teatro tipicamente burguês, assim como implica uma alfabetização midiática, pois nesses espetáculos hegemônicos se reafirma o exemplo do corpo ocidental, em menoscabo do padrão identitário ameríndio, que é mostrado, estereotipadamente, pela mídia latino-americana. Como diz um provérbio popular peruano "não é a mesma coisa um desnudo grego do que um crioulo pelado" (*no es lo mismo un desnudo griego que un cholo calato*). A opressão midiática feita sabedoria popular configura o corpo espúrio como miscigenado, ameríndio, ou afrodescendente. Assim, o projeto de educação estética do oprimido quer res-

7 E. Dussel, *Oito Ensaios sobre a Cultura Latino-Americana*, p. 156.
8 *Stop: C'est Magique!*, p. 30.

significar o lugar da mídia no espaço desses cidadãos, dando posse de meios para que questionem seu lugar de plateias inertes e desprovidas de sentido.

A estética do oprimido tenta trazer aos praticantes do TO a possibilidade de perceber o mundo através de todas as artes, e não centralizando o processo de conscientização exclusivamente na palavra[9]. Ou seja, esse projeto de educação popular pretende apropriar-se das linguagens artísticas para transformar o cotidiano dessas pessoas. Os coletivos do TO tentam retrabalhar seus objetos cênicos e figurinos, avaliando o remanescente ideológico transposto ao palco.

Boal proporciona uma compreensão gnosiológica do espaço estético nos seus vários atributos: plástico (canalizando memória e emoção, e desdobrando-se oniricamente), dicotomizante (por representar teatralmente uma ausência, contendo o paradoxo das múltiplas máscaras) e telemicroscópico (porque em cena os objetos podem ser amplificados)[10].

Os princípios estéticos do TO aplicam-se a diversas linguagens artísticas como se pode apreciar no quadro baseado na proposta do projeto de Alfabetização Integral-Alfin (1973):

CÓDIGOS	COMPARTILHAR	TRANSFORMAR
PALAVRA	Vocabulário	Redigir poesias, cartas e roteiros
MÚSICA	Instrumentos e sons	Compor melodias e sons
PINTURA[11]	Cores e formas	Cenários, adereços, figurinos e outros
TEATRO	Somatória de códigos	Incentivar a inclusão estética

FIG. 3: *As linguagens da estética do oprimido.*

9 *A Estética do Oprimido*, p. 25-40.
10 *Teatro Legislativo.* p. 34.
11 Na tabela original Boal coloca como linguagem o item fotografia, pois na década dos anos 1970 comunicadores populares latino-americanos usaram amplamente meios de comunicação para o desenvolvimento: rádio, gravador, mural etc. Ver *Teatro do Oprimido e Outras Poéticas Políticas*, ed. revista, p. 238.

A proposta estética de Boal focaliza em quatro linguagens:

- Palavra: os praticantes do TO desenvolvem atividades com a palavra: 1. escrita de poemas sobre qualquer tema; 2. redação de declarações de identidade, que são escritas na forma de cartas remitidas a pessoas consideradas por ele/ela muito importantes na sua vida; 3. Composição de um relato contendo fatos que mais o impressionaram nos últimos tempos positiva ou negativamente 4. Elaboração de roteiros inseridos no processo de criação de peça de teatro-fórum, o qual demanda dos participantes uma sistematização de suas improvisações, incorporando os comentários dos oficineiros.

- Música: As dinâmicas registradas contemplam a construção de instrumentos a partir da sucata e outros objetos usados no dia-a-dia. A prática de reciclar materiais resignificando-os com finalidade artística tem um paralelo na arte afrodescendente e pela sua contribuição nos ritmos e instrumentos latino-americanos[12]. Alguns exemplos são: o *cajón* de madeira, no Peru; o berimbau com cabaça, no nordeste do Brasil e os cilindros de óleo de querosene, na Jamaica.

- Pintura: No TO o desenho de formas humanas complementa-se aos jogos de desmecanização. Alguns jogos como "o melhor lugar, o pior lugar o meu lugar", "a série de caminhadas" englobam jogos dispostos como ferramentas de reconhecimento para a reciclagem artística. Os próprios cenários dos grupos populares, assim como suas peças de teatro-fórum, vão se transformando com o passar do tempo, ganhando novas cores e inventando novas situações.

MODELO DE OFICINA NO TO

A proposta didática das oficinas de capacitação de multiplicadores das técnicas do Teatro do Oprimido consiste na criação de peças de teatro-fórum. A aprendizagem pelo modelo inicia-se

---

12 Cf. D. de M. Silva; M. C. F. Calaça, *Arte Africana e Afro-Brasileira*.

através das técnicas de teatro-imagem, para logo concentrarem-se na construção de esquetes de teatro-fórum, aplicando exercícios de construção de personagens, exercícios de técnicas de ensaio, assim como são discutidas noções de dramaturgia, que posteriormente são aplicadas ao assunto a ser encenado.

Os grupos praticantes das técnicas do TO aplicam um modelo bastante próximo do fluxograma 5, como mostrado a seguir:

FIG. 4: *Praxiologia do teatro-fórum.*

O diagrama de fluxos corresponde a oficinas livres e a oficinas de capacitação nas técnicas, isto é, o modelo pode ser acompanhado numa oficina de cinco, quinze, vinte ou quarenta horas. A poética do TO propõe caminhos para elaborar uma pergunta, por isso sua práxis é considerada subjuntiva, e não normativa. Além disso, qualquer conjunto de atividades constitui um atalho para a consecução da cena de teatro-fórum, de tal forma, que as atividades ligadas por esferas podem ser vistas como trilhas até uma cena de opressão. A sequência pode ser alterada, mas sempre pela necessidade de o coletivo atingir o objetivo de problematizar no palco uma história comunitária.

Os elementos destacados no diagrama são:

- As Cinco Categorias de Jogos: Segundo Boal os jogos são um arsenal político-pedagógico, que tenciona agitar falsas visões de mundo ligadas ao próprio *status quo*. Os grupos pesquisados adaptam e sistematizam as técnicas do Teatro do Oprimido num repertório próprio que tem rotatividade pela ampliação e troca de exercícios. O propósito do jogo consiste em estimular as reflexões individuais e coletivas. Assim, por vezes, um jogo pode tornar-se central em uma peça de teatro-fórum por simbolizar aspirações dos jogadores. A aplicação dos jogos e exercícios promove diversas discussões e reflexões sobre temas de cidadania, política etc. No caso do CTO, nem todo jogo é seguido por uma reflexão grupal, pelo contrário, eles são agrupados em diversas sequências de jogos. Nas oficinas de Toplab e HT o tempo de reflexão sobre cada jogo pode prolongar-se tanto quanto o próprio tempo da dinâmica do exercício.

- Cena Mínima de Opressão: O conceito de teatro-fórum pode ser uma abstração, pois carrega uma ruptura conceitual com o modo de produção escravocrata e sua arte poética trágica. Ao mesmo tempo, ao apresentar-se sob a forma de um jogo com sentido ético-estético, e por tratar-se de uma praxiologia, deve ser exemplificada através de uma "microcena opressiva". Numa oficina uma dessas dinâmicas é usada: "os três em marcha", "o aperto de mão" (prévio ao completar a imagem), "invasão de território", "imagem projetada" etc. A cena mínima de opressão difere do "embrião" da peça de teatro-fórum, que já é um esboço da peça a ser montada e encenada numa oficina com limitadas horas de trabalho.

- Técnicas de Criação de Personagens: Numa oficina de TO misturam-se pessoas com diversas experiências cênicas teatrais. Mesmo que o teatro-fórum se caracterize por colocar no palco uma pergunta vivenciada pelo grupo, capaz de estabelecer elos entre a comunidade e a história colocada. Essas técnicas de criação de personagens exploram as contradições de oprimidos caracterizando seus opressores ou vice-versa. Geralmente é o contador original da história de opressão quem distribui o restante de papéis. Há diversas variantes dessas dinâmicas: Duas revelações de Santa Teresa, Personagem Vazio, etc.

- Histórias Individuais de Opressão: Numa oficina faz-se um afunilamento das histórias de vida (sem se preocupar com o julgamento das mesmas) e seleciona-se uma história geradora de uma pergunta (evitando gerar um consenso entre a minoria e o coletivo), principalmente, é através do relato direto de opressões vivenciadas pelos próprios participantes, mas a cena pode também originar-se numa outra técnica (i.e: "canções de sirena"). Uma dinâmica para efetuar a escolha da história, dando a palavra a todos os participantes, consiste em dividir a turma na maior quantidade de pequenos grupos de (2 x 4 x 8). Inicialmente uma dupla troca de histórias, e a cada vez que vão se unindo a um grupo maior, têm de escolher somente uma história. A história é recomposta na medida em que se faz a recontagem da cena de opressão, os participantes vão intervindo, somando pontos de vista e histórias similares.

- Técnicas de Ensaio: A cena escolhida não é a mais teatral, a que carrega maiores elementos visuais ou a história com maior potencial de entretenimento em seu enredo, mas uma cena sincera (uma apresentação que evita a propaganda político partidário). Muitas vezes, a história escolhida precisa de um trabalho mais detalhado de corpo para ser colocada em cena, pois geralmente o problema é só colocado em termos de falatórios (técnica: "ensaio para surdos-mudos"), se o problema consiste nas forças de vontades reprimidas ("para e pensa!"), ou se os participantes têm fechado prontamente a história sem explorar novos argumentos ("interrogatório de Hannover"). A diferença entre uma técnica de construção de personagem e uma técnica de ensaio, é que as últimas são direcionadas ao boneco da cena, enquanto as primeiras trabalham mais na desmecanização e nas qualidades do improviso.

- Aquecimento da Plateia: como foi explicado no capítulo precedente, o curinga dirige o aquecimento da plateia que, além dos jogos em si, pode incluir outros intervalos de aquecimento como fazer o público aplaudir após uma dedicatória, ou receber ao elenco batendo palmas e vice-versa.

- Apresentação: O curinga que é o mestre de cerimônias do teatro-fórum, supervisiona a boa visualização do trabalho, bem como a correta temporalidade das diversas facetas do jogo. Assim, durante a apresentação, já na abertura da oficina ou na *avant-première* da peça de teatro-fórum, trabalha-se a ideia de que esse não é um teatro convencional, mas um teatro essencialmente participativo.

MEDIAÇÕES DO CURINGA

Como visto, o curinga é o facilitador das técnicas do Teatro do Oprimido[13]. Às vezes, devido à complexidade das técnicas, ele autonomeia-se como "o dificultador", porque nem sempre os múltiplos passos e as combinações de exercícios podem ser entendidos de primeira mão pelos participantes. Como se tentou ilustrar no quadro abaixo ele/ela precisa aliar seu senso crítico, a uma segurança do momento dialógico vivenciado.

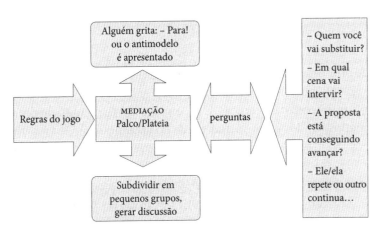

FIG. 5: *A mediação do curinga*

---

13 Ver supra, Estilo(s) do Curinga, p. 50-54.

66 AS REDES DOS OPRIMIDOS

O curinga efetua mediações[14] entre a metodologia teatral do TO e as práticas de participação popular, e entre sua explicação das regras do jogo e a apropriação das mesmas pelos participantes. Explicitamente, no teatro-fórum e no TO tudo está sujeito à crítica e ao consenso; assim como assinala Boal, as próprias regras que o engendram podem ser transformadas através da mediação situacional entre os participantes da plateia e o tema da peça proposto pelo grupo[15].

Como vimos, o curinga é o encarregado de supervisionar o exercício democrático do fórum[16]. Ele precisa preservar o espaço teatral e a área de jogos e, simultaneamente, orientar o processo, de modo a permitir aos participantes formas de reconhecimento do outro e de descobertas de novas alternativas de solução. O curinga age liminarmente entre ser o recipiente (responsável pelo todo) e a rejeição à investidura de poder (delegando responsabilidades)[17]. A apropriação da palavra e a opinião pessoal são centrais na proposta do TO, o *empoderamento* dos participantes nasce no lugar simbólico da roda e extrapola-se na vida cotidiana. No seguinte ponto, se ilustra o mencionado processo.

O curinga também pode ser nomeado de multiplicador, oficineiros, ou facilitador, menos comuns são os nomes de animador cultural ou coordenador artístico.

DRAMATURGIA DOS CENTROS

A proposta do TO tem-se constituído multilingue, pela natureza dos praticantes e pelo caráter intercultural que caracteriza o surgimento das técnicas. Um conceito chave no modelo dramatúrgico do teatro-fórum é o de crise chinesa: 危机 (*wei-ji*) representado por dois ideogramas: *wei*, significa crise, e o outro, *ji*, quer dizer oportunidades. Para Sun Tzu saber aguardar a oportunidade certa é a essência de um esquema tático, pois a oportunidade de derrota está nas próprias mãos, a opor-

---

14 Segundo J. Martín-Barbero as mediações são articulações entre práticas de comunicação e movimentos sociais. Cf. *Dos Meios às Mediações*, p. 258.
15 *O Teatro como Arte Marcial*, p. 187.
16 Ver supra, p. 50 e 60.
17 J. Cohen-Cruz; M. Schutzman (orgs.), *A Boal Companion*, p.143.

tunidade de derrotar o inimigo está nas brechas que ele não consegue fechar.

No trabalho do teatro-fórum, crise chinesa é o momento de maior tensão, anterior à pausa, para que os participantes proponham alternativas de solução à pergunta cênica colocada pelo grupo. Nesse momento é visível como os participantes vão ampliando sentido a partir das prévias participações, passando de uma eventual derrota até o sucesso simbólico da vitória encenada (e muitas vezes não menos trabalhosa do que a da vida real). Boal distingue um movimento de natureza quantitativa e qualitativa, mostrando amplitudes e tensões na construção do antimodelo para permitir as intervenções da plateia e as subsequentes crises negociadas[18].

O quadro seguinte faz destaque das intervenções da plateia sob as linhas da identificação, solidariedade e extrapolação:

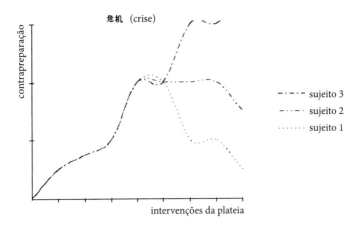

FIG. 7: *Modelo de empoderamento no teatro-fórum*

No gráfico é apresentado um modelo hipotético de comunicação de teatro-fórum, o antimodelo é traçado pelas linhas de traços mais grossos, que se desenvolve como uma peça de teatro convencional até o momento de maior conflito. Nesse instante a plateia é convidada a participar, propondo novas alternativas para o conflito. Na área são delineadas as três intervenções, as

18 *O Teatro como Arte Marcial*, p. 191.

quais tentam estimar a proposta trazida pelo participante da plateia no embate frente ao opressor-protagonista. No gráfico, a intervenção do sujeito 1 só consegue movimentar o lugar do antagonista, seja através de uma fala incisiva ou alguma brecha deixada por esse; o sujeito 2 tem conjugada sua própria ação junto à de outros personagens, trazendo uma nova proposta de ação ao palco; e por último, o sujeito 3 poderia ter acrescentado aos anteriores argumentos algum tipo de ação futura entre os atores e ao público.

No quadro, as linhas crescentes de ação cênica tentam delinear as teses de Boal sobre identificação, solidareidade e extrapolação do teatro-fórum, no entanto a mediação teatral abre novas linhas de ação política. Cada intervenção atualiza uma crise e seu potencial democrático de solução, pois as intervenções dos *espect-atores* são ferramentas de *empoderamento*, e, através do envolvimento do público, eles, além de contribuir para uma dramaturgia simultânea, colocam em exercício uma poética de participação na vida democrática e dos direitos civis.

Vaivéns da Rede

Tal qual uma oficina de TO, onde as dinâmicas são abertas e encerradas formando círculos concêntricos com os participantes, acrescento as reflexões evitando cair num excesso de simplificação ou numa argumentação esvaziada de calor humano, uma vez que a formatação do texto dissertativo consegue apenas vislumbrar a dimensão político-estética do Teatro do Oprimido. Assim, passarei a expor minhas reflexões finais por meio de perguntas abertas, quiçá numa tentativa de tender uma ponte com o espírito pluralístico do TO.

O que se pôde aprender a partir desse trabalho?

A pesquisa foi efetuada num campo onde há uma grande troca de informações entre os usuários, o que me fez sentir parte de uma comunidade em rede. Nesse sentido, tal experiência trouxe a possibilidade de dialogar e interagir ao lado de praticantes das técnicas do TO dos quatro continentes, comprovando o alcance universal da linguagem teatral. Embora, num início tivesse bloqueios lidando com segundas línguas nas oficinas do Brasil, do Canadá e dos EUA, e pela carência de referências teatrais no próprio idioma. Logo compreendi que se tratava de uma mudança de enfoque em relação à própria ideia de teatro e aquilo que deve ser esperado de um ator. Esse período de reflexões existenciais foi importante para internalizar as técnicas do TO e para assumir criticamente uma postura com relação ao tema proposto pela pesquisa.

Como se deu a consecução dos objetivos?

A participação ativa em diversas oficinas tem sido vital para uma aproximação à práxis do curinga. Além de aprender a gerenciar a temporalidade e espacialidade nas dinâmicas, a própria capacitação nas técnicas do curinga possibilitou-me vivenciar as instâncias da construção dramatúrgica e os diversos papéis do teatro-fórum. O Teatro do Oprimido é uma prova de vocação para quem acredita no fazer colaborativo e quer questionar os próprios preconceitos. Desde essa ótica, tenho procurado uma formação complementar em oficinas antirracismo, de educação popular e alfabetização de adultos tentando trabalhar minhas próprias limitações.

Que pensamento teórico foi passível de crítica?

Normalmente, há um distanciamento entre aquele que elabora modelos teóricos daquele que os exerce na prática. Já no caso do TO, o crescimento do movimento tem conseguido agrupar indistintamente artistas-militantes e ativistas do meio acadêmico. Esta pesquisa quis aportar uma visão crítica do processo histórico-teatral do TO, fazendo uma leitura intercultural e interdisciplinar e estabelecendo um paralelo com outros movimentos de resistência latino-americana.

Na pesquisa de campo, a diversidade das dinâmicas e dos estilos de curingas outorgam um conjunto de elementos, que podem ser sintetizados por meio de ilustrações. Os referidos modelos de mediações do curinga no teatro-fórum tem um sentido político-estético, sendo as categorias interpretativas antiglobalizadoras: o espiral de resistência e a extrapolação do fórum.

O que se procurou indagar com as performances inter-raciais?

Certos nichos culturais apresentam uma carência mais urgente e desafiante para a aplicação das técnicas. No caso das performances focadas nas minorias étnicas e no combate ao racismo, pode-se observar que o corpo vitimado se confronta com um vazio interpretativo, ou seja, faltam espaços onde se possa refletir sobre as espirais de violência, e onde se tentem construir alianças e mecanismos de legitimação das lutas.

As técnicas do TO tem produzido uma mudança identitária e, na minha percepção, das relações inter-raciais. Nesse sentido, no trabalho teatral após 2001 foram levadas a cabo novas experiências com grupos de migrantes, destituídos pela violência política, que permitiram canalizar, através das técnicas, formas de inclusão e de solidariedade. Um risco ao trabalhar as técnicas do TO concerne à relação de pertença a uma classe social (consciência de classe), entanto os participantes pertencem a outra classe (lumpen proletário). Nessa lógica há o risco de cair no discurso demagógico do artista pequeno burguês, contraposto ao interesse das comunidades carentes, ou de evitar a visão utópica de arcanjo dos pobres, mas permanecer distante da real necessidade dos sujeitos. Assim, o trabalho de *empoderamento* e participação democrática ativado pelas técnicas, deve ser paralelo à desconstrução da imagem de autoridade do curinga, bem como delegar tarefas na construção do coletivo e na sua crítica à ideologia de branqueamento das técnicas.

Algo a agregar na definição atual de curinga?

Atualmente, uma das polêmicas no seio do movimento do TO diz respeito à necessidade de delimitar a pertinência dos empreendimentos dos curingas. Trata-se de uma questão ética que procura criar salvaguardas para um conjunto das atividades que conflituam com o movimento internacional do Teatro do Oprimido.

Boal formulou uma metodologia, e seus aportes à estética do oprimido ultimam-se em princípios de ética comum aos militantes do TO. Há também uma conciliação entre a metodologia do teatro-fórum e a práxis referendada por princípios e conceitos humanistas. As atividades dos centros especializados nas técnicas partem, igualmente, do postulado que a essência do movimento é a multiplicação das técnicas e dos grupos, mas que nem toda intervenção feita por praticantes das técnicas pode levar o rótulo do TO como marca publicitária, posto que uma das lógicas do mercado global é a absorção dos desconformes para sua inserção no fluxo comercial. De tal sorte, o desenvolvimento das técnicas precisa preservar seu caráter de movimento de resistência às lutas antiglobalizadoras, como também de solidariedade às lutas dos povos autóctones, das minorias étnicas e suas culturas.

Quais são as formas para avaliar o progresso dos novos curingas?

Um ponto ainda pouco esboçado refere-se ao modelo didático nas oficinas de capacitação de multiplicadores das técnicas do TO. Pois se emprega muito o modelo que quer emular a própria história de vida do facilitador. Às vezes, a dicotomia entre competitividade e cooperação são deficientemente trabalhados entre os integrantes da oficina, pois uma oficina de multiplicadores cria um grupo sob o signo de uma problemática artificial, pois a maioria de pessoas tem uma formação anterior e suas experiências de público-alvo é diferenciada. No GTO há dois caminhos informais para promoção de curingas, através das oficinas anuais para funcionários e na promoção dos próprios integrantes dos grupos populares. Por exemplo, o Grupo aproveita programas oficiais de Santo André para ir destacando os jovens, a fim de atuarem como orientador social, serem novos agentes etc. Nas oficinas do Toplab há uma supervisão anual mais intensa em termos de acompanhamento e de laboratórios práticos, aliados a seminários sobre princípios de educação popular.

Quais são as linhas futuras do TO?

No Brasil, as técnicas do TO enfrentam um grande desafio, pois a subvenção a projetos por meio dos órgãos públicos se traduz numa conjuntura na qual o sistema teatral passou a existir, na medida em que os projetos de intervenção possam ser implementados via leis de incentivo à cultura.

Por outro lado, há notáveis avanços na criação de programas em rede e de tecnologias virtuais que auxiliam na divulgação da metodologia do TO. Teatro-educadores também conseguem introduzir as técnicas nos currículos escolares e em sala de aula. O uso de listas de discussão pela Internet conecta integrantes de diversos grupos, produzindo uma rede alternativa de troca de informações. Um dos maiores centros de referência internacional encontra-se no hemisfério norte, é a conferência anual Pedagogy and Theatre of the Oppressed, sendo ponto de referencia nas pesquisas que pretendem vislumbrar as implicações da educação popular de Paulo Freire e o teatro de intervenção social de Boal.

Em termos estéticos e estilísticos, há um enorme manancial de criatividade entre os grupos do TO através do teatro-fórum híbrido, que consiste numa colagem de diversos elementos culturais. Mas nessa busca pela própria identidade grupal, surge o dilema da fidelidade da crítica ideológica não embasada pela inovação artística, ou seja, como criar belos espetáculos sem renunciar à problematização e à conscientização do espectador.

Referências Bibliográficas

ALBUQUERQUE, Severino J. *Violent Acts: A Study of Contemporary Latin American Theatre*. Michigan: Wayne State University Press, 1991.

ALMADA, Izaías. *Teatro de Arena, Uma Estética de Resistência*. São Paulo: Boitempo, 2004.

BAKHTIN, Mikhail. *A Cultura Popular na Idade Média e no Renascimento: O Contexto de François Rabelais*. São Paulo: Hucitec/UnB, 1987.

BALESTRERI, Silvia. *Teatro do Oprimido: Revolução ou Rebeldia?* Rio de Janeiro: PUC-RJ, 1991. Dissertação de mestrado.

BARBIER, René. *A Pesquisa Ação*. Brasília: Plano, 2002.

BARON, Dan. *Alfabetização Cultural*. São Paulo: Alfarrábio, 2004.

BERNSTEIN, Ana. *A Crítica Cúmplice: Décio de Almeida Prado e a Formação do Teatro Brasileiro Moderno*. São Paulo: Instituto Moreira Salles, 2005.

BERTHOLT, Margot. *História Mundial do Teatro*. São Paulo: Perspectiva, 2000.

BISHOP, Anne. *Becoming an Ally: Breaking the Cycle of Oppression in People*. New York: Zed, 2002.

BOAL, Augusto. *A Estética do Oprimido*. Rio de Janeiro: Garamond, 2009.

_____. *Teatro do Oprimido e Outras Poéticas Políticas*. Rio de Janeiro: Civilização Brasileira, 1991. Edição revista, 2005.

_____. *O Teatro como Arte Marcial*. Rio de Janeiro: Garamond, 2003.

_____. *Jogos para Atores e Não Atores*. Rio de Janeiro: Civilização Brasileira, 2002.

_____. *Hamlet e o Filho do Padeiro, Memórias Imaginadas*. Rio de Janeiro: Record, 2000.

_____. *O Arco-íris do Desejo: Método Boal de Teatro e Terapia*. Rio de Janeiro: Civilização Brasileira, 1996.

_____. *Teatro Legislativo*. Rio de Janeiro: Civilização Brasileira, 1996.

_____. *Stop: C'est Magique!*. Rio de Janeiro: Civilização Brasileira, 1980.

76 AS REDES DOS OPRIMIDOS

_____. *Técnicas Latino-americanas de Teatro Popular: Uma Revolução Copernicana ao Contrário.* Coimbra: Centella, 1977.

_____. *Teatro del Oprimido y Otras Poéticas Políticas.* Buenos Aires: de la Flor, 1974.

BOAL, Julian. *As Imagens de um Teatro Popular.* São Paulo: Hucitec, 2000.

BORNHEIM, Gerd. A. *Teatro: A Cena Dividida.* Porto Alegre: LP&M, 1983.

BOURDIEAU Pierre (org.). *A Miséria do Mundo.* Petrópolis: Vozes, 1997.

_____. *Razões Práticas: Sobre a Teoria da Ação.* Campinas: Papirus, 1996.

BRANDÃO, Carlos Rodrigues (org.). *Repensando a Pesquisa Participante.* São Paulo: Brasiliense, 1981.

BRECHT, Bertolt. *Teatro Dialético.* Rio de Janeiro: CivilizaçãoBrasileira, 1967.

CABRAL, Beatriz (org.). *Ensino do Teatro: Experiências Interculturais.* Florianópolis: Conselho Britânico/UFSC/Capes, 1999.

CANCLINI, Néstor G. *A Socialização da Arte: Teoria e Pratica na América Latina.* 2. ed. São Paulo: Cultrix, 1984.

_____. *Consumidores e Cidadãos, Conflitos Multiculturais da Comunicação.* Rio de Janeiro: Editora UFRJ, 2001.

CARLSON, Marvin. *Teorias do Teatro.* São Paulo: Unesp, 1995.

CASTRO-POZO, Tristan. *O Curinga do Teatro do Oprimido e sua Atuação no Movimento Antiglobalização.* 2006. São Paulo: ECA-USP. São Paulo. Tese de doutorado em Ciências da Comunicação.

COHEN-CRUZ, Jan; SCHUTZMAN, Mady. *A BoalCompanion: Dialogue on Theatre and Cultural Politics.* New York: Routledge, 2006.

COSTA, Iná Camargo. *A Hora do Teatro Épico no Brasil.* Rio de Janeiro: Paz e Terra, 1996.

DEBRAY, Regis. *O Estado Sedutor: As Revoluções Midiológicas do Poder.* Petrópolis: Vozes, 1994.

DIAMOND, David. *Theatre for Living, the Art and Science of Community-Based Dialogue.* Victoria: Tratford, 2007.

DUSSEL, Enrique. *Oito Ensaios sobre a Cultura Latino-Americana.* São Paulo: Paulinas, 1977.

DWYER, Paul. Theoria Negativa: Making Sense of Boal's Reading os Aristotle. *Modern Drama.* Winter, 2005, v. 48, n. 4,.

EL ANDALOUSSI, Khalid. *Pesquisas-ações: Ciência, Desenvolvimento, Democracia.* São Carlos: EDUFSCAR, 2004.

FALEIROS, Vicente de P. *Metodologia e Ideologia do Trabalho Social.* 8. ed. São Paulo: Cortez, 1993.

FOUCAULT, Michael. *Arqueologia do Saber.* 6. ed. Rio de Janeiro: Forense, 2000.

FONSECA, Maria Augusta. *Palhaço da Burguesia: Serafim Ponte Grande de Oswald de Andrade, e suas Relações com o Universo do Circo.* São Paulo: Polis, 1979.

FREIRE, Paulo; NOGUEIRA, Adriano. *Teoria e Prática em Educação Popular.* Petrópolis: Vozes, 2002.

FREIRE, Paulo. *Ação Cultural para a Liberdade.* São Paulo: Paz e Terra, 2002.

_____. *Pedagogia da Indignação: Cartas Pedagógicas e Outros Escritos.* São Paulo: Unesp, 2000.

_____. *Extensão ou Comunicação?* Rio de Janeiro: Paz e Terra, 1977.

_____. *Pedagogia do Oprimido.* 3. ed. Rio de Janeiro: Paz e Terra, 1970.

GAJARDO, Marcela. *Pesquisa Participante na América Latina.* São Paulo: Brasiliense, 1986.

REFERÊNCIAS BIBLIOGRÁFICAS 77

GARCIA, Silvana. *Teatro da Militância: A Intenção do Popular no Engajamento Político*. 2. ed. São Paulo: Perspectiva, 2004.

GOLDENBERG, Ira. *Oppression and Social Intervention: Essays on the Human Condition and the Problems of Change*. Chicago: Nelson-Hall, 1978.

GRANDE ABC, *Guia Bibliográfico: Localização e Síntese de Conteúdo*. Santo André: Consórcio Intermunicipal Grande ABC, 2000.

GUINSBURG, J. ; FARIA, João Roberto; LIMA, Maraingela Alves de (orgs.). *Dicionário do Teatro Brasileiro: Temas Formas e Conceitos*. 2. ed. São Paulo: Perspectiva/Sesc, 2009.

HERITAGE, Paul. *Mudança de Cena*. Rio de Janeiro: British Council, 2000.

HERON, John. *The Complete Facilitator's Handbook*. London: Kogan Page, 1999.

HUIZINGA, Johan. *Homo Ludens, o Jogo como Elemento da Cultura*. 6. ed. São Paulo: Perspectiva, 2010 (Coleção Estudos).

IANNI, Octavio. *Enigmas da Modernidade-Mundo*. Rio de Janeiro: Civilização Brasileira, 2000.

KUHN, Thomas S. *Estrutura das Revoluções Científicas*. São Paulo: Perspectiva, 1975 (Coleção Debates).

KÜHNER, Maria Helena. *Teatro Popular: Uma Experiência*. Rio de Janeiro: Francisco Alves, 1975.

LUNATCHARSKY, Anatoli V. Arte y Revolución. In: François Maspero (org.), *Teatro y Política*. Buenos Aires: de la Flor, 1969.

MAGALDI, Sábato. *Panorama do Teatro Brasileiro*. 5. ed. São Paulo: Global, 2001.

MARTÍN-BARBERO, Jesús. *Dos Meios às Mediações: Comunicação, Cultura e Hegemonia*. Rio de janeiro: Editora da UFRJ, 1997.

MARTINEZ CORREA, José Celso. *Primeiro Ato: Cadernos, Depoimentos, Entrevistas (1958-1974)*. São Paulo: 34, 1998.

MARX, Karl. Manuscritos Econômicos e Filosóficos de 1844. In: *História*. São Paulo: Ática, 1983.

_____. *A Ideologia Alemã*. São Paulo: Ciências Humanas, 1979.

MENDES, Miriam Garcia. *O Negro e o Teatro Brasileiro*. São Paulo: Hucitec/Ibac, 1993.

MERLEAU-PONTY, Maurice. *O Visível e o Invisível*. São Paulo: Perspectiva, 1992.

MICHALSKI, Yan. *O Teatro sob Pressão, uma Frente de Resistência*. Rio de Janeiro: Jorge Zahar, 1985.

MORENO, Jacob Levy: *Teatro da Espontaneidade*. São Paulo: Summus, 1984.

MOSTAÇO, Edélcio. *O Espetáculo Autoritário: Pontos, Riscos, Fragmentos Críticos*. São Paulo: Proposta, 1983.

MOYNIHAN, Denis. Using Direct Action Affectively. In: PROKOSCH, Mike; RAYMOND, Laura (orgs.). *The Global Activist's Manual: Local Ways to Change the World*. New York: Thunder's Mouth, 2002.

OSCHENIUS, Carlos e OLIVARI, José Luis. *Métodos y Técnicas de Teatro Popular: Versión, Sistematización y Propuesta*. Santiago: Ceneca, 1984.

PAVIS, Patrice. *Dicionário de Teatro*. São Paulo: Perspectivas, 1999.

PEIXOTO, Fernando. *O Que é Teatro*. São Paulo: Brasiliense, 1980.

PEREIRA, Antonia. Boal e Brecht – o Teatro-Fórum e o Lehrstük: A Questão do Espectador. In: BIÃO, Armindo et al. (orgs.). *Temas em Contemporaneidade, Imaginário e Teatralidade*. São Paulo: Annablume, 2000.

PRADO, Décio de Almeida. *O Teatro Brasileiro Moderno: 1930-1980*. São Paulo: Perspectiva, 1988.

78 AS REDES DOS OPRIMIDOS

RENK, Arlene. *Dicionário Nada Convencional: Sobre a Exclusão no Oeste Cata-rinense*. Chapeco: Grifos, 2000.

ROACH, Joseph. *The Player's Passion, Studies in the Science of Acting*. Newark: University of Delaware Press, 1985.

ROSENFELD, Anatol. *O Mito e o Herói no Moderno Teatro Brasileiro*. São Paulo: Perspectiva, 1982.

SANDOVAL, Chela. *Methodology of the Oppressed*. Minneapolis: University of Minnesota Press, 2000.

SANTOS, Milton. *O Espaço do Cidadão*. São Paulo: Studio Nobel, 2000.

SCHWARZ, Roberto. *Que Horas São?* São Paulo: Companhia das Letras, 1987.

SILVA, Dilma de Mello; CALAÇA, Maria Cecilia F. *Arte Africana e Afro-Brasileira*. São Paulo: Terceira Margem, 2006.

SILVA, Noeli Turle da. *A Poética do Oprimido e a Poesia da Negritude*. Rio de Janeiro: UniRio, 2004. Dissertação de mestrado.

SZANTO, George H. *Theater and Propaganda*. Austin: University of Texas Press. 1978.

TAYLOR, Diana. *Theatre of Crisis: Drama and Politics in Latin America*. Lexington: University Press of Kentucky, 1991.

THIOLLENT, Michel. *Metodologia da Pesquisa-Ação*. São Paulo: Cortez, 1985.

VIEIRA, César. *Em Busca de um Teatro Popular*. 3. ed. Santos: Confenata, 1981.

INTERNET

O Centro de Teatro do Oprimido. Disponível em: <http://www.ctorio.org.br>.
Grupo de teatro do Oprimido. Disponível em: <http://www.santoandre.sp.gov.br>.
Headlines Theatre. Disponível em: <http://www.headlinestheatre.com>.
Instituto Brasileiro de Geografia e Estatística – IBGE. Disponível em: <http://www.ibge.gov.br>.
International Theatre of the Oppressed Organization. Disponível em: <http://www.theatreoftheoppressed.org>.
Theatre of the Oppressed Laboratory. Disponível em: <http://www.Toplab.org>.

REVISTAS

CASTRO POZO, Tristan. Teatro do Oprimido, a Encruzilhada do Corpo e a Trilha do Autoconhecimento. *Revista Ghreb*, n. 7, out. 2005.

DIAMOND, David, In this Moment, the Evolution for the Theatre for Living. *Canadian Theatre Review*. n. 117, 2004.

PENDERGAST, Jenny. Clowning Around. *Red All Over*, s/n., New York, The Brecht Forum Newsletter, 2001.

RICIERI, Daniele; GARCIA, Maria Cecília. O Exemplo da Ação Teatral no MST. *O Sarrafo*, n. 8, dez. 2005

SANTOS, Sergio Ricardo de Carvalho. A Bolsa e o Amor. *O Sarrafo*, n. 2, maio 2003.

TEATRO NA PERSPECTIVA

Sentido e a Máscara
  Gerd A. Bornheim (D008)
Tragédia Grega
  Albin Lesky (D032)
Maiakóvski e o Teatro de Vanguarda
  Angelo M. Ripellino (D042)
Teatro e sua Realidade
  Bernard Dort (D127)
Semiologia do Teatro
  J. Guinsburg, J. T. Coelho Netto e Reni C.
  Cardoso (orgs.) (D138)
Teatro Moderno
  Anatol Rosenfeld (D153)
Teatro Ontem e Hoje
  Célia Berrettini (D166)
Oficina: Do Teatro ao Te-Ato
  Armando Sérgio da Silva (D175)
Mito e o Herói no Moderno Teatro
Brasileiro
  Anatol Rosenfeld (D179)
Natureza e Sentido da Improvisação Teatral
  Sandra Chacra (D183)
Jogos Teatrais
  Ingrid D. Koudela (D189)
Stanislávski e o Teatro de Arte de Moscou
  J. Guinsburg (D192)

O Teatro Épico
  Anatol Rosenfeld (D193)
Exercício Findo
  Décio de Almeida Prado (D199)
O Teatro Brasileiro Moderno
  Décio de Almeida Prado (D211)
Qorpo-Santo: Surrealismo ou Absurdo?
  Eudinyr Fraga (D212)
Performance como Linguagem
  Renato Cohen (D219)
Grupo Macunaíma: Carnavalização e Mito
  David George (D230)
Bunraku: Um Teatro de Bonecos
  Sakae M. Giroux e Tae Suzuki (D241)
No Reino da Desigualdade
  Maria Lúcia de Souza B. Pupo (D244)
A Arte do Ator
  Richard Boleslavski (D246)
Um Vôo Brechtiano
  Ingrid D. Koudela (D248)
Prismas do Teatro
  Anatol Rosenfeld (D256)
Teatro de Anchieta a Alencar
  Décio de Almeida Prado (D261)
A Cena em Sombras
  Leda Maria Martins (D267)

Texto e Jogo
Ingrid D. Koudela (D271)
O Drama Romântico Brasileiro
Décio de Almeida Prado (D273)
Para Trás e Para Frente
David Ball (D278)
Brecht na Pós-Modernidade
Ingrid D. Koudela (D281)
O Teatro É Necessário?
Denis Guénoun (D298)
O Teatro do Corpo Manifesto: Teatro Físico
Lúcia Romano (D301)
O Melodrama
Jean-Marie Thomasseau (D303)
Teatro com Meninos e Meninas de Rua
Marcia Pompeo Nogueira (D312)
O Pós-Dramático: Um conceito Operativo?
J. Guinsburg e Sílvia Fernandes (orgs.)
(D314)
João Caetano
Décio de Almeida Prado (E011)
Mestres do Teatro I
John Gassner (E036)
Mestres do Teatro II
John Gassner (E048)
Artaud e o Teatro
Alain Virmaux (E058)
Improvisação para o Teatro
Viola Spolin (E062)
Jogo, Teatro & Pensamento
Richard Courtney (E076)
Teatro: Leste & Oeste
Leonard C. Pronko (E080)
Uma Atriz: Cacilda Becker
Nanci Fernandes e Maria T. Vargas (orgs.)
(E086)
TBC: Crônica de um Sonho
Alberto Guzik (E090)
Os Processos Criativos de Robert Wilson
Luiz Roberto Galizia (E091)
Nelson Rodrigues: Dramaturgia e Encenações
Sábato Magaldi (E098)
José de Alencar e o Teatro
João Roberto Faria (E100)
Sobre o Trabalho do Ator
M. Meiches e S. Fernandes (E103)
Arthur de Azevedo: A Palavra e o Riso
Antonio Martins (E107)
O Texto no Teatro
Sábato Magaldi (E111)
Teatro da Militância
Silvana Garcia (E113)
Brecht: Um Jogo de Aprendizagem
Ingrid D. Koudela (E117)

O Ator no Século XX
Odette Aslan (E119)
Zeami: Cena e Pensamento Nô
Sakae M. Giroux (E122)
Um Teatro da Mulher
Elza Cunha de Vincenzo (E127)
Concerto Barroco às Óperas do Judeu
Francisco Maciel Silveira (E131)
Os Teatros Bunraku e Kabuki: Uma Visada Barroca
Darci Kusano (E133)
O Teatro Realista no Brasil: 1855-1865
João Roberto Faria (E136)
Antunes Filho e a Dimensão Utópica
Sebastião Milaré (E140)
O Truque e a Alma
Angelo Maria Ripellino (E145)
A Procura da Lucidez em Artaud
Vera Lúcia Felício (E148)
Memória e Invenção: Gerald Thomas em Cena
Sílvia Fernandes (E149)
O Inspetor Geral de Gógol/Meyerhold
Arlete Cavaliere (E151)
O Teatro de Heiner Müller
Ruth C. de O. Röhl (E152)
Falando de Shakespeare
Barbara Heliodora (E155)
Moderna Dramaturgia Brasileira
Sábato Magaldi (E159)
Work in Progress na Cena Contemporânea
Renato Cohen (E162)
Stanislávski, Meierhold e Cia
J. Guinsburg (E170)
Apresentação do Teatro Brasileiro Moderno
Décio de Almeida Prado (E172)
Da Cena em Cena
J. Guinsburg (E175)
O Ator Compositor
Matteo Bonfitto (E177)
Ruggero Jacobbi
Berenice Raulino (E182)
Papel do Corpo no Corpo do Ator
Sônia Machado Azevedo (E184)
O Teatro em Progresso
Décio de Almeida Prado (E185)
Édipo em Tebas
Bernard Knox (E186)
Depois do Espetáculo
Sábato Magaldi (E192)
Em Busca da Brasilidade
Claudia Braga (E194)
A Análise dos Espetáculos
Patrice Pavis (E196)

As Máscaras Mutáveis do Buda Dourado
Mark Olsen (E207)

Crítica da Razão Teatral
Alessandra Vannucci (E211)

Caos e Dramaturgia
Rubens Rewald (E213)

Para Ler o Teatro
Anne Ubersfeld (E217)

Entre o Mediterrâneo e o Atlântico
Maria Lúcia de Souza B. Pupo (E220)

Yukio Mishima: O Homem de Teatro e de Cinema
Darci Kusano (E225)

O Teatro da Natureza
Marta Metzler (E226)

Margem e Centro
Ana Lúcia V. de Andrade (E227)

Ibsen e o Novo Sujeito da Modernidade
Tereza Menezes (E229)

Teatro Sempre
Sábato Magaldi (E232)

O Ator como Xamã
Gilberto Icle (E233)

A Terra de Cinzas e Diamantes
Eugenio Barba (E235)

A Ostra e a Pérola
Adriana Dantas de Mariz (E237)

A Crítica de um Teatro Crítico
Rosangela Patriota (E240)

O Teatro no Cruzamento de Culturas
Patrice Pavis (E247)

Eisenstein Ultrateatral: Movimento Expressivo Montagem de Atrações na Teoria do Espetáculo de Serguei Eisenstein
Vanessa Teixeira de Oliveira (E249)

Teatro em Foco
Sábato Magaldi (E252)

A Arte do Ator entre os Séculos XVI e XVIII
Ana Portich (E254)

O Teatro no Século XVIII
Renata S. Junqueira e Maria Gloria C. Mazzi (orgs.) (E256)

A Gargalhada de Ulisses
Cleise Furtado Mendes (E258)

Dramaturgia da Memória no Teatro-Dança
Lícia Maria Morais Sánchez (E259)

A Cena em Ensaios
Béatrice Picon-Vallin (E260)

Teatro da Morte
Tadeusz Kantor (E262)

Escritura Política no Texto Teatral
Hans-Thies Lehmann (E263)

Na Cena do Dr. Dapertutto
Maria Thais (E267)

A Cinética do Invisível
Matteo Bonfitto (E268)

Luigi Pirandello: Um Teatro para Marta Abba
Martha Ribeiro (E275)

Teatralidades Contemporâneas
Sílvia Fernandes (E277)

Conversas sobre a Formação do Ator
Jacques Lassalle e Jean-Loup Rivière (E278)

A Encenação Contemporânea
Patrice Pavis (E279)

As Redes dos Oprimidos
Tristan Castro-Pozo (E283)

Do Grotesco e do Sublime
Victor Hugo (EL05)

O Cenário no Avesso
Sábato Magaldi (EL10)

A Linguagem de Beckett
Célia Berrettini (EL23)

Idéia do Teatro
José Ortega y Gasset (EL25)

O Romance Experimental e o Naturalismo no Teatro
Emile Zola (EL35)

Duas Farsas: O Embrião do Teatro de Molière
Célia Berrettini (EL36)

Marta, A Árvore e o Relógio
Jorge Andrade (T001)

O Dibuk
Sch. An-Ski (T005)

Leone de'Sommi: Um Judeu no Teatro da Renascença Italiana
J. Guinsburg (org.) (T008)

Urgência e Ruptura
Consuelo de Castro (T010)

Pirandello do Teatro no Teatro
J. Guinsburg (org.) (T011)

Canetti: O Teatro Terrível
Elias Canetti (T014)

Idéias Teatrais: O Século XIX no Brasil
João Roberto Faria (T015)

Heiner Müller: O Espanto no Teatro
Ingrid D. Koudela (Org.) (T016)

Büchner: Na Pena e na Cena
J. Guinsburg e Ingrid Dormien Koudela (Orgs.) (T017)

Teatro Completo
Renata Pallottini (T018)

Barbara Heliodora: Escritos sobre Teatro
Claudia Braga (org.) (T020)

Machado de Assis: Do Teatro
João Roberto Faria (org.) (T023)

Luís Alberto de Abreu: Um Teatro
de Pesquisa
  Adélia Nicolete (org.) (T025)
Três Tragédias Gregas
  G. de Almeida e T. Vieira (S022)
Édipo Rei de Sófocles
  Trajano Vieira (S031)
As Bacantes de Eurípides
  Trajano Vieira (S036)
Édipo em Colono de Sófocles
  Trajano Vieira (S041)
Agamêmnon de Ésquilo
  Trajano Vieira (S046)
Antígone de Sófocles
  Trajano Vieira (S049)
Teatro e Sociedade: Shakespeare
  Guy Boquet (K015)
Alteridade, Memória e Narrativa
  Antonia Pereira Bezerra (P27)
Eleonora Duse: Vida e Obra
  Giovanni Pontiero (PERS)
Linguagem e Vida
  Antonin Artaud (PERS)
Ninguém se Livra
de seus Fantasmas
  Nydia Licia (PERS)
O Cotidiano de uma Lenda
  Cristiane Layher Takeda (PERS)

História Mundial do Teatro
  Margot Berthold (LSC)
O Jogo Teatral no Livro do Diretor
  Viola Spolin (LSC)
Dicionário de Teatro
  Patrice Pavis (LSC)
Dicionário do Teatro Brasileiro: Temas,
Formas e Conceitos
  J. Guinsburg, João Roberto Faria e
  Mariangela Alves de Lima (LSC)
Jogos Teatrais: O Fichário de Viola Spolin
  Viola Spolin (LSC)
Br-3
  Teatro da Vertigem (LSC)
Zé
  Fernando Marques (LSC)
Últimos: Comédia Musical em Dois Atos
  Fernando Marques (LSC)
Jogos Teatrais na Sala de Aula
  Viola Spolin (LSC)
Uma Empresa e seus Segredos:
Companhia Maria Della Costa
  Tania Brandão (LSC)
O Teatro Laboratório de Jerzy Grotowski
  Ludwik Flaszen e Carla Pollastrelli
  (cur.) (LSC)
Queimar a Casa: Origens de um Diretor
  Eugenio Barba (LSC)

Este livro foi impresso em Guarulhos,
nas oficinas da Cherma Indústria da Arte Gráfica Ltda.,
em abril de 2011, para a Editora Perspectiva S.A.